中学校 外国語

「主体的に学習に取り組む態度」の学習評価完全ガイドブック

松浦 伸和 編著

明治図書

はじめに

　平成29年告示の学習指導要領では，育成を目指すべき資質・能力の三つの柱として，「知識及び技能」，「思考力，判断力，表現力等」及び「学びに向かう力，人間性等」が挙げられ，それぞれに関わる目標が明確に示されました。それらの目標に到達することを目指して，各学校で日々の教育活動が行われていることでしょう。

　その考え方を反映させた学習評価の在り方について，国から報告書が出されました。特に大きな変更は，これまでの４観点が３観点になったことです。資質・能力の三つの柱に関わって「知識・技能」「思考・判断・表現」「主体的に学習に取り組む態度」がその３観点です。それらは，平成19年に改正された学校教育法第30条で示された学力の三要素とも一致しており，今回の改訂で初めて，目標—指導—評価が同一の考え方でまとまったと言えます。

　しかし，実際の評価にあたっては，まだ混乱が見られます。観点別評価を行う際に，「知識・技能」と「思考・判断・表現」の違いがはっきり区別できていない先生も多いようですが，それ以上に「主体的に学習に取り組む態度」の評価方法がよくわからないとの声を耳にします。学習指導要領で示された「学びに向かう力，人間性等」が「主体的に学習に取り組む態度」に代わっていることも一因でしょう。「学びに向かう力，人間性等」については，観点別評価を通じて見取ることができる部分を「主体的に学習に取り組む態度」として評価して，「観点別評価や評定にはなじまず，こうした評価では示しきれないことから個人内評価を通じて見取る部分がある」と整理されております。

　「思考・判断・表現」と「主体的に学習に取り組む態度」は一体的に評価しなければならないので，同じ評価結果にしなければならない，という著しい誤解も全国各地で見られます。「主体的に学習に取り組む態度」の評価は「思考・判断・表現」を伴う活動を通してしか行えない，が正しい解釈で，「思考・判断・表現」を評価するときには必ず「主体的に学習に取り組む態度」を評価する必要はまったくありません（詳細は本文参照）。

　本書は，そのような先生方の誤解や混乱を少しでも解決できることを目指して執筆しました。最初に英語の学習評価に関して広く解説し，そのあとで「主体的に学習に取り組む態度」の評価事例を紹介しております。日々の実践の参考にしていただけたらありがたいです。

2022年５月

松浦　伸和

Contents

中学校外国語科 「主体的に学習に取り組む態度」の 指導＆評価プラン

1 聞くこと　022

> 単元名　人物紹介から，基本的な情報を聞き取ろう！

2 読むこと　030

> 単元名　友達が書いた思い出に，素敵なタイトルを付けてあげよう！

3 話すこと［やり取り］　038

> 単元名　「学校紹介30秒 CM」を披露して，他の生徒や ALT からの質問に答えよう！

Chapter ①

中学校外国語科「主体的に学習に取り組む態度」の指導＆評価のポイント

1 新3観点の学習評価の基礎知識

1 学習指導要領が求める学力

　環境問題，人口問題，食糧問題など地球規模の課題に直面している現在は，「予測困難な時代」と言われております。今の生徒たちはそれらの課題を解決して，豊かに生存し続けるための基盤となる地球環境をさらにその次の世代に受け渡すことが求められています。そのためには，学校教育においても課題解決に必要な思考力の育成が何よりも大切であり，世界中の国々で実践されております。そのような現情を踏まえて，平成29年告示の中学校学習指導要領では，全ての教科で「知識及び技能」，「思考力，判断力，表現力等」，「学びに向かう力，人間性等」の育成を目指すことになりました。この考えは平成19年に改正された学校教育法で示され，平成20年告示の学習指導要領に盛り込まれておりました。外国語科では各言語活動の指導事項の（オ）がそれを目指したものでした。しかし，思考力等の育成にはほとんど意識が向けられなかったと思います。今回の学習指導要領では，目標や内容の中にしっかりと明記されていることから，その育成がより一層求められていることがわかります。

2 3観点での学習評価

　学習指導要領の改訂を踏まえて学習評価も変わりました。と言っても，学習状況を分析的に捉える「観点別学習状況の評価」と，これらを総括的に捉える「評定」の両方について，学習指導要領に定める「目標に準拠した評価」として実施する，というもっとも基本となる考え方は変わりません。前者の観点別評価が，「知識・技能」「思考・判断・表現」「主体的に学習に取り組む態度」の3観点になったことが大きな変更です。それによって，英語科でもそれぞれの観点で評価する対象が変わりました。詳細は次節から述べています。

　しかし，この変更により，上述した学校教育法に記されている「学力の三要素」と一致したことは改善点です。これまでは「学力の三要素」を4観点で評価することになっていたため，わかりにくいところがありました。今回の改訂により，学校教育法の「学力の三要素」，学習指導要領の「資質・能力の三つの柱」，そして評価の3観点がすべて内容的にもほぼ一致したことにより，目標，指導，評価の整合性が取れ，実践しやすくなったと言えます。

3 学習・指導の改善に繋がる評価

平成31年に中央教育審議会から出された『児童生徒の学習評価の在り方について（報告）』（以後『報告書』と呼びます）では，学習評価の在り方について，

① 児童生徒の学習改善につながるものにしていくこと

② 教師の指導改善につながるものにしていくこと

③ これまで慣行として行われてきたことでも，必要性・妥当性が認められないものは見直していくこと

を基本とすることが述べられています。「教師が自らの指導のねらいに応じて授業の中での児童生徒の学びを振り返り学習や指導の改善に生かしていくというサイクルが大切である」とも述べられています。

評価と言えば，学期末や学年末に成績を付けるために行う総括的な評価に関心があることが多いかもしれません。だが現在は，教師の指導や生徒の学習に還元するための形成的評価の有効性や重要性が特に強調されています。形成的評価をうまく取り入れることで，教育効果の大幅な向上が見られたという研究結果もたくさんあります。授業のPDCAサイクルにうまく組み込み，生徒の実態に応じてすぐに授業を修正，改善するために評価を用いることが大切です。

4 目標や評価の方針の共有

目標の明確化と共有は学力向上の必須事項です。筆者の経験では，学力の高い学校を訪問すると，必ず目標の共有化が図られています。目標と評価は表裏一体をなすものなので，まとめて示すことが可能です。できることなら，4月の最初に年間計画表を配布するのがもっとも望ましく，生徒のみならず保護者とも共有できます。「社会に開かれた教育課程」の理念にも繋がるので，試みてください。もちろん，その前提として教師によって評価方法が異なる状況は避けなければなりません。最低でも，同じ学年を担当する教師は意識を統一して同じ評価方法，評価材を用いるのは当然のことです。

ある学校では，すべての教科で，各単元の第1時間目の最初の10分間で単元の目標，進め方（毎時間の学習内容の概略），評価方法を1枚のプリントにまとめて配布して説明していました。別の学校では，「体育祭でもっとも心に残ったことを下級生に話す」など単元末に行う評価のパフォーマンス課題を単元の最初に生徒に伝えて見通しを持たせていました。そうすることで，生徒はその単元で学習する知識や身に付けるべき英語力を明確にイメージすることができ，学習に意欲的，計画的に取り組むことができるのです。

2 「知識・技能」の指導と評価

1 「知識」の評価対象

　英語科で習得する知識・技能は，学習指導要領の「英語の特徴やきまりに関する事項」に詳細に記載されています。それを，外国語の目標の(1)として，以下のようにまとめられています。

　「外国語の音声や語彙，表現，文法，言語の働きなどを理解するとともに，これらの知識を，聞くこと，読むこと，話すこと，書くことによる実際のコミュニケーションにおいて活用できる技能を身に付けるようにする。」

　今回の学習指導要領では，資質・能力の三つの柱をそれぞれ「何を理解しているか，何ができるか（知識及び技能）」，「理解していること・できることをどう使うか（思考力，判断力，表現力等）」，「どのように社会・世界と関わり，よりよい人生を送るか（学びに向かう力，人間性等）」とわかりやすく表記されています。

　それに倣うと，「知識」は「何を理解しているか」に該当するので，上記の前半部の「外国語の音声や語彙，表現，文法，言語の働きなどを理解する」がそれにあたります。そして，それらを理解しているかどうかが評価の対象となります。

　その中で見落とされるのが「言語の働き」です。学習指導要領では「発表する」「意見を言う」「依頼する」など指導すべき多くの働きが示されています。コミュニケーションはある場面の中で行われるので，その場面に応じた表現が使えなければなりません。そのためには，まずその場面にふさわしい表現，つまりその働きを伝える表現を知っておく必要があります。そのような知識の理解度を評価するのです。

2 「技能」の評価対象

　英語科では「技能」の定義がもっとも混乱しやすいので注意しましょう。古くから言語教育では「聞くこと」や「書くこと」など学習指導要領でいう言語活動をすべて「技能」と呼んできました。「4技能」などの語は普通に用いられます。ところが，『報告書』に書かれた教科共通で使われる「技能」はその中の一部だけを指しています。

　『報告書』では，技能の評価を「他の学習や生活の場面でも活用できる程度に（中略）習得したりしているかについて評価するものである。」と書かれています。必要なときに使える程

度に基礎的な技能を身に付けているかどうかを評価するものです。上述した英語科の目標の後半の技能部分にあてはめると，技能は，知識を，聞くこと，読むこと，話すこと，書くことによる実際のコミュニケーションにおいて活用できる程度に身に付いているかを評価することになります。ある文法事項を<u>正しく</u>用いて文が書けるかどうか，ある言語の働きで使われる表現を正しく用いて話せるかどうかなどが評価の対象です。つまり，言語教育でいう「技能」の基礎となる範囲，「書かれた文や文章から意味や情報を捉える（読む）」といった辞書の定義的な意味の範囲を指すと言えます。

　なお英語科では，「知識」を単体で評価することはほぼなく，習得した知識を言語活動において<u>正しく</u>用いることができるかどうか「技能」と一体で評価することが普通です。ある文法事項の知識を評価する際にも，その項目を使って文を作らせたり，それが使われている文を読んで理解しているかどうかを確認したりしていると思います。

3　「知識・技能」の評価の場面設定

　「知識・技能」の評価にあたっても一定程度の場面設定が必要です。その理由は，前節で述べたように，学習評価は「学習指導要領に定める目標に準拠した評価として実施する」とされているためです。学習指導要領に，外国語科の目標は「コミュニケーションを図る資質・能力」の育成が中心となる部分であると書かれています。これは「コミュニケーション能力の育成」と読み替えられます。そのため，コミュニケーションと関わらせて評価をする必要があり，「知識・技能」も例外ではありません。書き換えや並べ替えのような日常の使用場面ではありえない出題方法は避けて，簡単な場面や文脈を設定するよう心がけましょう。

　平成31年４月に行われた全国学力・学習状況調査の英語問題は参考になります。それぞれの言語活動の最初の大問が「知識・技能」を測る問題です。「書くこと」では「語や文法事項等を理解して正しく文を書く」力を問う問題となっています。その中の小問に「３人称単数現在時制の文を正確に書く」技能を測る問題があります。ある女性に関して「出身：Australia, 住んでいる都市：Rome, ペットの有無：×」という３つの情報が与えられていて，彼女について説明する文を３つ書く問題です。ある女性について，メモを基に紹介する文章を書く場面は日常生活でもあります。しかし，１人称の文を書いておき，主語を３人称にして書き換える場面はありません。また，３人称単数現在時制の知識を評価する問題なので，妥当性に影響を及ぼしそうな地名などは与えられている点にも注目しましょう。ちなみにこの問題の正答率はかなり低く，知識・技能の指導は不十分であることが明らかになりました。他にも知識・技能が不足しているために正答していない問題が多く見られます。知識を「理解して使う」にこだわらず，「使うことで理解する」の方向の指導も心がけてください。

3 「思考・判断・表現」の 指導と評価

1 英語によるコミュニケーションの流れ

　『報告書』では，「『思考・判断・表現』の評価は，各教科等の知識及び技能を活用して課題を解決する等のために必要な思考力，判断力，表現力等を身に付けているかどうかを評価するものである。」とし，『中学校学習指導要領総則』では，課題を解決することを過程（流れ）と捉えて大きく3つに分類しています。その中で，英語によるコミュニケーションの流れにもっとも近いのは，「精査した情報を基に自分の考えを形成し，文章や発話によって表現したり，目的や場面，状況等に応じて互いの考えを適切に伝え合い，多様な考えを理解したり，集団としての考えを形成したりしていく過程」です。

　英語科における「思考力，判断力，表現力等」の内容を基に，英語によるコミュニケーションの流れを整理します。学習指導要領ではアからウの3つの内容が示されています。それぞれの内容には複数の活動が含まれているため小割にします。たとえばイは，「得られた情報や表現を，選択したり抽出する」「選択したり抽出した情報を活用して表現する」の2つの活動に分割できます。それらの活動を，コミュニケーションの流れに沿って再編成すると，図1のようになります。これは，外国語科の有識者会議が未定稿ですが例示した外国語科の思考の流れを基に筆者が改変したものです（松浦，2021）。

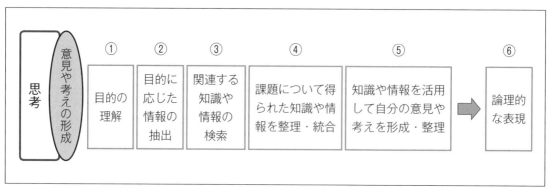

【図1　英語によるコミュニケーションの流れ】

　これを「具体的な課題等を設定し，コミュニケーションを行う目的や場面，状況などに応じて，情報を整理しながら考えなどを形成し，これらを論理的に表現すること」とまとめています。この流れのいずれかで働く思考力，判断力，表現力等を評価することになります。

2 「思考・判断・表現」の評価対象

　具体的な評価対象は，学習指導要領の5つの領域別目標から抜き出すことができます。たとえば，「聞くこと」のアは「はっきりと話されれば，日常的な話題について，必要な情報を聞き取ることができるようにする。」です。学力部分と条件部分を区別して考えましょう。「はっきりと話されれば」「日常的な話題について」は条件部分で，「必要な情報を聞き取る」が学力部分です。前節で述べたように，聞こえてくる音声の情報を捉えるという「聞くこと」の基礎となる範囲は「技能」です。それに対して，「聞き手として目的に応じて知りたいことや欲しい情報などの『必要な情報』を聞き取る」には，捉えた情報を取捨選択する必要があります。それは，図1中の①から②への流れの中で働く思考力であると言えます。

　同じように他の目標から抜き出すと，「聞くこと」「読むこと」という理解領域では「必要な情報を捉える」「概要を捉える」「要点を捉える」力が評価の対象です。同じく「話すこと」「書くこと」という表現領域では「事実や自分の考え，気持ちなどを整理して表現する」「聞いたり読んだりしたことについて，考えたことや感じたこと，その理由などを表現する」力となります。実際，全国学力・学習状況調査の英語問題もその範囲の出題に限定されていることからも，それらが評価対象であることがわかります。なお，「話すこと」のアは即興性という様態のこと，「書くこと」のアは正確さという「技能」に関する目標なので，この観点での評価対象とはなりません。

3 目的・場面・状況の設定

　「思考・判断・表現」の指導や評価にあたっては，「目的・場面・状況」がキーワードになります。その際，その設定が変われば，伝える内容，用いる表現，文章などの構成がどのように変わるのかを考えることが大事です。ただ場面設定をすればいいのではなく，設定することで，それにふさわしい内容，表現，構成の指導が必要になります。つまり，内容，表現，構成の「使い分け」ができるように指導して，その力が付いたか評価しなければなりません。

　「目的・場面・状況」には，日常生活や社会の事象を基にしたものと，言語活動（記録，要約，説明，論述，討論といった教科共通で求められているもの）を基にしたものがあります。たとえば，「要点を読み取る」は後者の「目的」にあたります。その力を付けることで思考力も育ち，次にその力が必要な場面や状況になったときに発揮されると思われるからです。要点を読み取ることが必要な場面まで詳細に設定しようと苦労されていることがありますが，そこまでの必要はなく，「要点を読み取る」で十分場面設定ができていると言えます。

4 「主体的に学習に取り組む態度」の指導と評価

1 「主体的に学習に取り組む態度」の評価の考え方

　この観点の考え方を正しく理解するために，『報告書』の内容をまとめておきます。そこには，「各教科等の『主体的に学習に取り組む態度』に係る評価の観点の趣旨に照らして，知識及び技能を獲得したり，思考力，判断力，表現力等を身に付けたりするために，自らの学習状況を把握し，学習の進め方について試行錯誤するなど自らの学習を調整しながら，学ぼうとしているかどうかという意思的な側面を評価することが重要である。」との指摘があります。

　加えて，そのために，「① 知識及び技能を獲得したり，思考力，判断力，表現力等を身に付けたりすることに向けた粘り強い取組を行おうとする側面と，② ①の粘り強い取組を行う中で，自らの学習を調整しようとする側面，という二つの側面を評価することが求められる。」と続き，その理由を「『主体的に学習に取り組む態度』の観点については，ただ単に学習に対する粘り強さや積極性といった児童生徒の取組のみを承認・肯定するだけではなく，学習改善に向かって自らの学習を調整しようとしているかどうかを含めて評価することが必要であるとの趣旨を踏まえたものである。」と説明されています。

　このことから，粘り強い取組と自らの学習の調整の2つの側面から評価し，両者の程度を基にＡＢＣを判断することになっているようです（『報告書』内の図を参照）。

2 「主体的に学習に取り組む態度」の評価対象

　学習指導要領では「外国語の背景にある文化に対する理解を深め，聞き手，読み手，話し手，書き手に配慮しながら，主体的に外国語を用いてコミュニケーションを図ろうとする態度」の育成が目標となっています。これは，前半が条件で後半が評価対象だと解釈できます。すると，英語科での「主体的に学習に取り組む態度」とは，「主体的に外国語を用いてコミュニケーションを図ろうとする態度」を意味していると言えます。そして，上で確認した①は粘り強くコミュニケーションを図ろうとしている態度，②はコミュニケーションが図れるための自らの学習の調整が評価対象になります。

　『報告書』では，「『主体的に学習に取り組む態度』の評価は，知識及び技能を習得させたり，思考力，判断力，表現力等を育成したりする場面に関わって，行うもの」とあるため，①につ

いては，コミュニケーション活動に粘り強く取り組んでいるかどうか，すなわち，「語彙がわからなくても推測して読み続けている」「相手の理解に配慮しながら話している」など取り組んでいる様子，活動中の態度を評価すればいいでしょう。

　②については，コミュニケーションの流れの中で用いられる自己調整にかかる活動をしているかが評価対象だと言えます。自己調整学習はプロセスで捉えられているのが特徴で，予見の段階，遂行・コントロールの段階，自己省察の段階があります。予見の段階は見通しを立てる段階で，課題を分析したり，目標を立てたり，方略を決めたりすることが含まれます。遂行・コントロールの段階は実際に学習が行われている段階で，意識を集中させたり，順調に進んでいるかチェックしたり，必要に応じて修正することが含まれます。そして自己省察の段階は学習を振り返る段階で，自己評価したり，反省したりすることが含まれます。

　研究レベルでは，それぞれの段階での細かなスキルが明らかになっていますが，中学校での評価では，コミュニケーション活動の流れの中で，今述べたようなことを行っているか評価すれば目的にかないます。①が活動に取り組む態度なら②は英語の質はともかく，活動の中身や内容（自己調整に関わる活動を行っているのか）の評価と言えます。

3 「主体的に学習に取り組む態度」を伸ばす指導

　「指導と評価の一体化」と言われますが，それは「主体的に学習に取り組む態度」にもあてはまります。この観点については，やる気がない，勉強しないなど生徒のせいにする教師も多く見られます。その考え方を改めて，生徒の態度は指導の結果が反映されていると謙虚に捉えて，授業内容を見直す機会にしなければなりません。

　「粘り強くコミュニケーションを図ろうとしている態度」を育てるには，授業で行う活動や扱う課題に工夫が必要です。単調で退屈なものは避けて，生徒が「楽しそう」「やってみたい」と思うようなものにしましょう。目的，場面，状況を一工夫して設定するだけで取り組む態度が変わります。教科書の登場人物の年齢（70歳のマイクなら）や性格（短気のマイクなら）を変えて音読するだけで楽しく活動に取り組んでいる授業を参観しました。

　「コミュニケーションが図れるための自らの学習の調整」はいきなりはできません。ある活動を行う際に「やり方」や「手順」を理解させて，次の機会にそれらを使えるかどうかを評価することが大切です。たとえば英作文なら，事前の構想を練って計画を立てる段階，実際に作文する段階，書いた後で読み返したり修正したりする段階を踏ませることでプロセスを学べます。そして，次に作文するときにそのようなプロセスに沿って書いているか，その中のいずれかの手順を踏んでいるかをこの観点で評価すればいいのです。そう考えると，思考力，判断力，表現力等を伴う活動を行っているときにしか評価できないことがわかるでしょう。

5 新３観点の評価規準の設定と評定

1 目標と評価規準

　評価規準は，単元ごとに設定するのが一般的です。その手順は以下の図２のようになります。

【図２　単元の評価規準作成の手順】

　この図からわかるように，年間の指導計画から始めて，単元の指導計画，単元の目標の設定と進めていきます。学習指導要領に示されている内容をどの単元で指導するのか決めて，具体的な目標を設定します。そして，その目標を評価規準にすればいいのです。その際，１つの単元ですべての観点を評価する必要はありません。年間で見ると，すべての観点をバランスよく評価できていたらいいのであり，１つの単元では２つ，あるいは場合によっては１つの観点だけに絞って評価するような計画を立てるのも現実的です。

　松浦（2017)*の授業例を参考に具体的に説明します。そこで扱われている単元は，写真を見せながら，This is 〜.を用いた導入，続いて写真についての付加的情報，そして自分の気持ちややりたいことを述べるという説明や発表のときに用いられる形式で話されている内容です。言語の働きの「説明する，発表する」力を付けるのにふさわしい教材だと言えます。そこで本単元の目標を以下のように設定しました。

　(1)関係代名詞を用いた文構造を理解する。（知識及び技能）

　(2)事実や情報を口頭で説明したり発表したりする。（思考力，判断力，表現力等）

　(3)聞き手に配慮して発表の内容を修正する。（学びに向かう力，人間性等）

　目標を文章で書くこともできますが，資質・能力ごとに設定する方が賢明です。共有化が可能になるからです。目下，GIGA スクール構想が進み，そこには教育データの利活用も含まれております。学習指導要領コードを用いてコード化した指導案，教材，テスト問題などをすべての教員が共有できることを目指しています。コード化のためには情報を明確にする必要があり，多くの情報を含む文章よりも箇条書きが向いていると言えます。

目標はこの単元で付ける力なので，それが付いたかどうか評価する必要があります。したがって，目標を評価規準として表記すればいいのです。この場合なら，

(1)関係代名詞を用いた文構造を理解している。（知識・技能）

(2)事実や情報を説明したり発表したりすることができる。（思考・判断・表現）

(3)聞き手に配慮して発表の内容を修正している。（主体的に学習に取り組む態度）

となります。目標と語尾が変わっている点に注意しましょう。筆者は，「知識」は「～を理解している」，「技能」は「～の技能が身に付いている」，「思考・判断・表現」は「～することができる」，「主体的に学習に取り組む態度」は「～している」がもっともふさわしいと考えます。なぜなら，学習指導要領の目標の語尾がそうなっているからです。目標に準拠した評価なので目標に合わせました。参考にしてください。

2 評定の出し方

『報告書』では，「評定は，各教科の観点別学習状況の評価を総括した数値を示すものであり，児童生徒や保護者にとっては，学習状況を全般的に把握できる指標として捉えられてきて」いると位置付けられています。「観点別学習状況の評価を総括した数値」とあることから，ＡＡＢ，ＢＡＢなど3観点の学習状況の評価を基に出さなければなりません。観点別学習状況の評価は単元ごとに行うが，評定は中間テストと期末テストの結果から別に出す，などのやり方はまったく間違っています。

評定を出すには，まず3観点間の重みづけを考えなければなりません。「知識・技能」，「思考・判断・表現」，「主体的に学習に取り組む態度」の重みをどう考えたらいいのでしょうか。学習指導要領では，「『コミュニケーションを図る資質・能力』が外国語科の目標の中心となる部分である」と述べられていますが，資質・能力の中に3つの要素がすべて含まれています。すると，この3観点は同等の重みづけ，すなわち，1：1：1でいいのではないでしょうか。もちろん，納得できる理由付けができれば同等でなくある観点を重くすることもできます。

次はＡＢＣの間の重みづけです。ＡＢＣの3段階で行われた観点別学習状況の評価から評定を出すにあたって，それを数値化する学校が多いようです。Ａ：Ｂ：Ｃの重みづけは3：2：1，5：3：1などさまざまな状況が見られます。もっとも，一度検討して決めておくと，以後はそれを適用すればいいので簡単に出せるようになります。

評定の出し方は各学校で定めることになっているので，各学校（場合によっては地域の学校全体）で検討し，十分な理由付けをして誰に対しても説明できることが大切です。

（松浦　伸和）

＊　金子朝子・松浦伸和（編著）『平成29年版　中学校新学習指導要領の展開　外国語編』2017年　明治図書

Chapter ②

中学校外国語科
「主体的に学習に取り組む態度」
の指導＆評価プラン

人物紹介から，基本的な情報を聞き取ろう！

関連教材：*Here We Go! ENGLISH COURSE 1*, Unit 4, "Our New Friend"

1 単元（授業）の概要

　本単元では，学級に海外から転入生がやってきたことで，その転入生に対し英語を使って校内の学校案内や担当の教師紹介等を行う場面が設定されている。

　Part 1 では，教師を紹介する対話，Part 2 では，見知らぬ生徒に関して意見を述べる対話，Part 3 では，見知らぬ生徒同士が互いの友人を介して互いの紹介をし合う対話が取り上げられている。人物紹介をする英語を聞き，基本的な情報を聞き取ることの練習を行うことはもちろん，身近な人について基本的な情報を第三者に伝え紹介することができるよう，話すことの練習や積極的な態度を指導するのに適した内容である。

2 単元の指導目標

〔知識及び技能〕

・3人称単数を主語とする be 動詞の文や Who's ～? の構文の特徴やきまりを理解し，聞いたり，読んだり，話したり，書くことができる。

〔思考力，判断力，表現力等〕

・メモなどを取りながら，人物紹介から基本的な情報を聞き取ることができる。

・ある人物についての基本的な情報を適切に紹介して伝えることができる。

「学びに向かう力，人間性等」

・メモなどを取りながら，人物紹介から基本的な情報を聞き取ろうとする。

・ある人物についての基本的な情報を適切に紹介して伝えようとする。

3 単元の評価規準

「知識・技能」

・3人称単数を主語とする be 動詞の文や Who's ～? の構文の特徴やきまりを理解し，聞いたり，話したりする技能を身に付けている。（聞くこと，話すこと［やり取り］）

「思考・判断・表現」

・メモなどを取りながら，人物紹介から基本的な情報を聞き取っている。（聞くこと）

「主体的に学習に取り組む態度」

・メモなどを取りながら，人物紹介から基本的な情報を聞き取ろうとしている。（聞くこと）

4 単元の指導計画（全9時間）

時	主な学習活動	評価規準と評価方法
1	○帯活動 1 Unit全体の導入 　Unit全体の映像を見ながら英語を聞く。次にピクチャーカードを見ながら，聞いた英語の内容についての質問に答えるなど教師とやり取りを行う。 　課題 ストーリーの大まかな内容を理解しよう。 2 展開 (1)再び英語を聞き，話に出てきた人物とその名前をメモする（日本語でもよい）。 　Hajin　Kota　Mr. Hoshino 　Ms. Brown　Eri　Tina (2)もう一度英語を聞き，Hajin, Mr. Hoshino, Ms. Brownと以下のキーワードを結び付ける。 　Korea　P.E.　interesting 　strict　English　basketball (3)教科名（外国語活動で音声は学習している）を練習し，発音とスペリングを確認するとともに，自校の教師について英語で表現してみる。 　　Mr. Inoue is a science teacher. 3 本時のまとめ	
2	○帯活動 　課題 Part1の内容を考えよう。 1 Part1の導入 　Part1全体を聞き，概要を確認する質問に応答する。 2 新出文法事項の導入及び練習 　3人称の代名詞 He / She is ～. について説明を聞き，理解を深める。 3 場面と状況を説明する 　映像場面やピクチャーカードを見ながら，登場人物が「今どこにいて」,「何をしているところか」等の質問に応答する。 4 あいさつや紹介する英語を理解する 　紹介していることがわかる文に印を付ける。 5 表現等の学習 　表現や語句などの発音と意味の確認を行う。 　he is ⇒ he's / she is ⇒ she's / Ms. / I can't wait. 6 音読 (1)Choral reading　　(2)Buzz reading (3)Read and look up 7 Writing 　サマリーの英文の空欄に適切な語を入れる。 8 本時のまとめ	「知識・技能」 人物名とその人物に関連する情報を引き出している。 「主体的に学習に取り組む態度」 人物名とその人物に関連する情報を引き出そうとしている。
3	○帯活動 1 復習 (1)Who is this teacher? (2)Part1の音読（・Choral reading　・Buzz reading　・Read and look up）	「知識・技能」 人物名とその人物に関連する情報を引き出している。 「主体的に学習に取り組

	課題　先生の紹介をしてみよう。 2　文構造理解 　(1) Listening（Matching pictures） 　　・紹介する場面の会話を聞く→教師の絵を選ぶ→次に教師を説明する形容詞を選ぶ。 　(2) Speaking 　　・教科書 Our Teachers の 8 人の中から一人を選び，性格や人柄（自分の想像したことでよい）についてペアやグループで発表し合う。 　(3) Writing 　　・(2)で取り上げた教師，もしくは芸能人等の人物の説明文を書く。 3　本時のまとめ	む態度」 人物名とその人物に関連する情報を引き出そうとしている。
4	○帯活動 1　復習 **課題　Part 2 の内容を考えよう。** 2　Part 2 の導入 　・Part 2 の映像を見ながら，英語を聞く。 　・教師とやり取りをする。 3　新出文法事項の導入及び練習 　・疑問詞 who を用いた導入のやり取りを通して語法や意味を考える。 　・口頭練習を行う。 4　表現等の学習 　表現や語句などの発音と意味の確認を行う。 　He is a good basketball player, isn't he? / Let's ～. / who is ⇒ who's / is not ⇒ isn't / 5　音読 　(1) Choral reading　　(2) Buzz reading 6　Writing 　サマリーの英文の空欄に適切な語を入れる。 7　本時のまとめ	「知識・技能」 Who is ～?，付加疑問，Let's ～. の構文の特徴やきまりを理解している。 「主体的に学習に取り組む態度」 Who is ～?，付加疑問，Let's ～. の構文の特徴やきまりを理解しようとしている。
5	○帯活動 1　復習（Part 2 の音読） 　(1) Choral reading　　(2) Buzz reading 　・*You're an interpreter. Let's say in English.* 　┌─────────────────────────┐ 　Tina：エリ，あれは誰かしら。 　　Eri：おそらく新しく来た生徒よ。 　Tina：格好よくない？　バスケも上手よね。 　　Eri：ええ，そうね。 　Tina：あなたあの人に会ってみたくない？ 　　Eri：ええ，会いたいわ。コウタに頼んでみましょう。 　└─────────────────────────┘ **課題　疑問詞 who を使った会話を聞いたり，話したりしよう。** 2　文構造理解 　(1) Listening 　　・英語を聞き，話題に挙げられている人物の職業について考える。 　　・それぞれどのような人物か聞き取れた語を発表する。 　(2) Speaking 　　・好きなスポーツ選手や歌手等を，ペアになって伝え合う。	「思考・判断・表現」 好きなスポーツ選手や歌手などについて自分の考えを伝え合い，相手の話す内容を理解している。 「主体的に学習に取り組む態度」 観察・端末録画 好きなスポーツ選手や歌手などについて，自分の考えを伝え合い，相手の話す内容を理解しようとしている。

	(3) Writing ・やり取りで得た情報を基に，人物についての説明文を書く。 3　本時のまとめ	
6	○帯活動 1　復習 　課題　Part 3 の内容を考えよう。 2　Part 3 の導入 　・Part 3 の映像を見ながら，英語を聞く。 　・教師とやり取りをする。 3　新出文法事項の導入及び練習 　疑問文 Is he / she 〜? の口頭導入を聞き，意味を考える。説明を理解した後に口頭練習を行う。 4　表現等の学習 　表現や語句などの発音と意味の確認を行う。 　　Hey. / neighbor 5　Q&A 6　音読 　(1) Choral reading　　(2) Buzz reading 7　Writing サマリーの英文の空欄に適切な語を入れる。 8　本時のまとめ	「知識・技能」 Is he / she 〜? の構文の特徴やきまりを理解し，人を紹介する情報を聞き取れている。 「主体的に学習に取り組む態度」 Is he / she 〜? の構文の特徴やきまりを理解し，人を紹介する情報を聞き取ろうとしている。
7	○帯活動 1　復習（Part 3 の音読） 　(1) やり取り 　　[Hajin の絵]　T : Is this boy Kota's friend? 　　　　　　　S : Yes, he's Hajin. 　　　　　　　T : (内容の確認のための質問) 　(2) Choral reading　　(3) Buzz reading 　課題　Is he / she 〜? の疑問文を活用してみよう。 2　文構造理解 　(1) Listening 　　・対話を理解する上でポイントとなる 5 つの語句を学ぶ。 　　・2 枚の写真についての説明を聞き，4 人のそれぞれの名前と Kota と Hajin との関係を把握する。 　(2) Speaking 　　・例に従って人の紹介をする方法を練習する。 　　・ある人物の紹介文を考えて，ペアになって "Guess who" を行う。 　　・言いたかったけれど言えなかった表現を全体で共有する。 　(3) Writing 　　・自分の考えた "Guess who" を書く。 3　本時のまとめ	「知識・技能」 人物名とその人物に関連する情報を引き出している。 「主体的に学習に取り組む態度」 人物名とその人物に関連する情報を引き出そうとしている。
8	○帯活動 1　復習（単元全体の音読） 　課題　誰のことかを考えよう。 2　Goal の導入 　(1) Listening 　　・メモにあるリスニングポイントを理解する。	「知識・技能」 人物名とその人物に関連する情報を引き出している。 「主体的に学習に取り組む態度」

	・絵に描かれた様子を見ながら Kota と Hajin の会話を聞き，メモを取る。 (2) Speaking ・メモに挙げられている項目等を中心に，ある人物に関する情報をまとめる。 ・その人物を紹介する英文を考える。 ・言いたいけれど言えない表現を全体で共有する。 ・人物の似顔絵を描いたり，端末で画像を示す。 3　表現等の学習 ・話す内容の整理・確認をする。 ・各自で端末に発表映像を記録して見てみる。 4　本時のまとめ	人物名とその人物に関連する情報を引き出そうとしている。
9	○帯活動 　課題　誰のことかを紹介したり，聞き取ったりしてみよう。 1　練習 ・教師の例を聞く。 ・前時に考えたある人物を紹介する英語を発表する練習をする。 2　発表会 　＜ねらい＞ (1)身近な人などについて基本的な情報を紹介することができる。 　　　　　　　　　　　　　　　　　　　　　　　　　（発表者） (2)人物紹介から，基本的な情報を聞き取ることができる。 　　　　　　　　　　　　　　　　　　　　　　　　　（フロアー） 3　自分の発表した内容を書く 　発表の記録として，話した内容を英文で書く。 4　本時のまとめ	「思考・判断・表現」 まとまりのある人物紹介をしている。 「主体的に学習に取り組む態度」 まとまりのある人物紹介をしようとしている。 「思考・判断・表現」 友人の紹介文を聞いて話の概要を捉えている。 「主体的に学習に取り組む態度」 友人の紹介文を聞いて話の概要を捉えようとしている。

5　指導と評価の実際

❶　第1時

　グローバル化の進む社会にあって，教室に外国籍の転入生がやって来ることは珍しい光景ではなくなった。世界の共通語と言える英語を介して，身近なことがらを説明してみようという態度とそのための知識・技能を育むことは大変重要である。まず映像を利用し，Unit 全体を見たり聞いたりして場面と状況を把握させる。次に他者を紹介するためには名前だけでなく，どのような人物であるかを説明する形容詞についての知識が必要であることを学ばせる。転入生，2人の教師の説明する言葉をマッチングさせる活動に取り組んだ後，ＳＶＣの文型を学習させながら，自校の教師を紹介してみる言語活動に取り組む。

❷　第2時

　Part 1 は，1対1の自己紹介，及び自分の話し相手に第三者を紹介する一般的な形を学習する。これまでは1人称 I と2人称 you を用いての表現活動に取り組んでいたが，本時より3人

称 he, she を学習することになる。映像やピクチャーカードを活用しながら，場面や状況を工夫して he, she のわかりやすい導入を心がけたい。

また，人や物の性質を説明する形容詞も初出であり，日本語の英語の語順との違いに着目させながら形容詞の働きや役割を理解させていく。人物に関する情報の引き出しが的確にできているかどうか「知識・技能」「主体的に学習に取り組む態度」を評価する。

❸　第3時

Part1の復習として，学年職員の簡単な似顔絵等を用いて Who is this teacher? を行う。未習の形容詞の説明を行いながら，積極的な英語のやり取りで活動を進める。教師についての説明を聞き，その情報の引き出しができているかどうか，また表現を適切に用いて紹介活動ができているかどうか「知識・技能」「主体的に学習に取り組む態度」を評価する。

❹　第4時

転入生にわくわくするティナとエリの雰囲気をまず感じ取らせたい。このPart2には重要な表現が多く盛り込まれている。まずは，疑問詞 who。この単元に入って以来生徒とのやり取りの中ですでに学習済みではあるが，復習的な意味で改めて説明する。また，He's a good basketball player, isn't he? という相手に同意を求める付加疑問文の表現や仲間に同意を求めながら誘いをかける Let's ～. も登場する。どれも，すぐ活用できる身近な文法事項であり，適切な場面や状況を設定しながら導入していく。ワークシートやペーパーテストで，各構文の構造を理解しているか「知識・技能」「主体的に学習に取り組む態度」を評価する。

❺　第5時

前時の復習として Part2の音読から入る。音読後，3人の話す内容をスクリーン等に示し，英語で表現させる。その後は，第3時と同様，前時に学習した知識を活用できる技能の段階まで身に付けさせる各技能の練習に取り組む。好きなスポーツ選手や歌手などについて，自分の考えを伝え合いながら，相手の話す内容を理解しているか「思考・判断・表現」「主体的に学習に取り組む態度」を評価する。職業を表す語が多く登場するが，カタカナ英語ではなく英語の正しい発音やアクセントを身に付けさせる。

❻　第6時

Part3では，いよいよエリ，ティナがハジンとの出会いを果たす。知り合いに第三者のことを尋ねたり説明したりする場面が描かれており，このような場面で3人称主語の he や she は用いるのだと確認できる。また，自分自身が同様な場面にあった時，どのような自己紹介を行うのかも考えさせたい。3人称の主語を含む文の構造を理解し，情報を聞き取れているかどう

か「知識・技能」「主体的に学習に取り組む態度」を評価する。

❼　第7時

　前時の復習として映像や絵を用いながら，Is he [she] ～? のやり取りを通して，学習ポイントの定着を確認する。その後，音読に入る。場面や状況を踏まえながら，イントネーションに注意を払わせる。続いて，3人称主語の he や she を用いて説明したり尋ねたりする各技能の練習に取り組む。人物に関する情報の引き出しが的確にできているかどうか「知識・技能」「主体的に学習に取り組む態度」を評価する。時間に余裕があれば，Listening を参考にしながら，複数の人物と撮影したお気に入りの写真を持参させて Show and Tell を行わせてみるとよい。

❽　第8時

　特に Listening と Speaking に焦点を当てた単元のまとめに入る。教科書にあるイラストと説明から場面と状況を踏まえた上で，メモにあるリスニングポイントに注意しながら対話に耳を傾けさせる。人物に関する情報の引き出しが正確にできているかどうか「知識・技能」「主体的に学習に取り組む態度」を評価する。続いて，今聞いたこと（前時で Show and Tell が実施できていればその活動も）を基に自分の立場で人物紹介をする英文を考える。話す柱は，リスニングポイントを基本に考え，学級の実態に応じて項目を増やしてみてもよい。端末のプレゼンテーションソフトを利用し，ＢＧＭなどを加えながら作品を仕上げさせると，作成した生徒は Speaking の視点から，その他多くの生徒は Listening の視点から活動の様子を評価しやすい。

❾　第9時

　教師が作成した例を示すことで，発表の手順を確認させる。続いて，前時から考えた Who is this? クイズの個人練習をして，本番前のウォーミングアップを行う。発表会は，学級全体で実施していってもよいし，端末で作成したプレゼンテーションを班単位で共有し，それを見ながらやり取りを実施する方法などが考えられる。班の予選を通し，各班のベストスピーカーを学級全体で発表させることもできる。「話すこと」としてまとまりのある人物紹介を話しているか，また「聞くこと」として友人の紹介文の概要を捉えているか「思考・判断・表現」「主体的に学習に取り組む態度」を評価する。

6　「主体的に学習に取り組む態度」の指導と評価のポイント

❶　映像資料を活用し，場面，状況を明確にしながら新出構文の導入を行う。

　ピクチャーカードや口頭描写よりも，映像によって場面を理解させ，「どんな場面で，どのような英語を使っているか」ということを，映像を通して理解させる。初見の場面であるが，聞いて理解した対話とふさわしい選択肢を選び，確認させる。

●評価の基準

a	Who is ～?，付加疑問，Let's ～. を聞いて，英文の場面を理解し，3つの場面を正しく聞き分け，対話内容を結び付けている。
b	Who is ～?，付加疑問，Let's ～. を聞いて，英文の場面を理解し，2つの場面を正しく聞き分け，対話内容を結び付けている。
c	bに達していない。

❷ 生徒の馴染みのある話しやすいトピックを取り上げ，自分の気持ちを伝えたり，ペアからの質問に答えやすくしたりする。

　教科書にある例に取り組んだ際の振り返りを生かし，相手の質問を正しく理解した上で，自分の考えや気持ちを伝えさせる。例に取り組んだ際，活動がうまくできなかった点を修正できるように取り組ませる。

●評価の基準

a	前時の振り返りを踏まえながら，相手の質問を正しく理解し，自分の考えや気持ちを伝えている。
b	前時の振り返りを踏まえながら，対話を行っている。
c	bに達していない。

❸ 目的を理解させ，その場面，状況を考えながら人物紹介をする。

　クイズ Who is this? を作成・発表するが，その人物の基本的な情報を紹介することが目的であり，友達が理解しやすい内容を考えさせる必要がある。また，答える生徒は，出題の生徒の紹介に耳を傾け，必要があればメモなどを取りながら基本的な情報を聞き取り，答えを言い当てることが目標である。

●評価の基準（話すこと［やり取り］）

a	人を紹介する表現を用いて，その人物の特徴を表す内容を，正確な英語で発表している。
b	人を紹介する表現を用いて，その人物の特徴を表す内容を発表している。
c	bに達していない。

●評価の基準（聞くこと）

a	人を紹介する英語を聞いて，メモなどを取りながら基本的な情報を聞き取り，出題者に応答している。
b	人を紹介する英語を聞いて，基本的な情報を聞き取っている。
c	bに達していない。

（伊藤　幸男）

第1学年

第2学年

第3学年

2 友達が書いた思い出に，素敵なタイトルを付けてあげよう！

関連教材：*NEW HORIZON English Course 1*, Unit 11, "This Year's Memories"

1 単元（授業）の概要

学年最後に位置付けられている本単元は，3つのパートから構成されており，3人の登場人物がそれぞれの思い出について対話形式で話している場面が扱われている。Part 1では部活動（サッカー）の思い出，Part 2では学校行事（キャンプ）の思い出，Part 3では登校初日の思い出が書かれており，生徒にとっても自らの1年間を振り返りながら，登場人物の経験や心情に共感できる内容となっている。単元の終末には，1年間の思い出を書き，仲間同士読み合い，相手が嬉しくなるような素敵なタイトルを付けてあげる活動を仕組む。そのために，教科書本文の読み取りの場面から，全体の概要を捉えながらタイトルを付けていく活動を仕組む。「読むこと」に焦点を当てた単元構成とする。

2 単元の指導目標

〔知識及び技能〕

・be動詞の過去形，There is構文，過去進行形の特徴やきまりを理解し，それらの表現が用いてある文を理解したり，それらの表現を使って話したり書いたりすることができる。

〔思考力，判断力，表現力等〕

・話の概要を捉え，適切かつ相手が嬉しくなるような素敵なタイトルを付けることができる。

「学びに向かう力，人間性等」

・話を読み，書き手が述べていることの大まかな内容を捉えようとする。またその内容について，適切かつ相手が嬉しくなるような素敵なタイトルを付けようとする。

3 単元の評価規準

「知識・技能」

・be動詞の過去形，There is構文，過去進行形の特徴やきまりを理解し，それらの表現が用いてある文を理解したり，それらの表現を使って話したり書いたりしている。

(読むこと)

「思考・判断・表現」

・話の概要を捉え，適切かつ相手が嬉しくなるような素敵なタイトルを付けている。

(読むこと)

・教科書の文を参考にして，1年間の思い出を書いている。(書くこと)

「主体的に学習に取り組む態度」

・話を読み，書き手が述べていることの大まかな内容を捉えようとしている。またその内容について，適切かつ相手が嬉しくなるような素敵なタイトルを付けようとしている。

(読むこと)

4　単元の指導計画（全8時間）

時	主な学習活動	評価規準と評価方法
1	**課題　単元の目標を理解しよう。** （あいさつや帯活動については省略） 1　ペア活動 　1年間の思い出の中で一番心に残っていることについてペアで会話する。 2　単元の目標の確認 3　単元終末の活動のイメージを持つ① 　教師が提示した思い出文を読み，タイトルを付けてみる。 ⑴個人で考える。 ⑵グループで交流する。 4　単元終末の活動のイメージを持つ② 　1年間の思い出の中から，話題を1つ選び，そのタイトル及び英文を書いてみる。 ※ここで書けなくてもよい。単元の終末で書けるようになることで，自らの伸びを実感することができる。 5　本時の振り返り	「主体的に学習に取り組む態度」 授業での様子観察 ワークシートの記述内容について評価する。
2	**課題　海斗の思い出に，タイトルを付けよう。** 1　本文を聞く。 ⑴絵を見ながら聞く。 ⑵英文を見ながら聞く。 2　本文の音読練習① 　読めない単語にアンダーラインをひく。	

第1学年

第2学年

第3学年

	3　新出単語の確認 4　本文の内容理解（TF → QA） 5　本文の音読練習②＋新出文法の導入 　・読めるようになった単語のアンダーラインを消しながら音読 　・be 動詞の過去形に着目しながら音読 6　海斗の思い出にタイトルを付ける 　(1)個人で考える。 　(2)ペアまたはグループで交流する。 7　本時の振り返り	「主体的に学習に取り組む態度」 ワークシートを回収し，タイトルについて評価する。
3	課題　ジョシュの思い出に，タイトルを付けよう。 1　前時の復習 　海斗の思い出に付けたタイトルを交流し，仲間の表現から学ぶ。 2　本文を聞く 3　本文の音読練習① 4　新出単語の確認 5　本文の内容理解（TF → QA） 6　本文の音読練習②＋新出文法の導入 　・読めるようになった単語のアンダーラインを消しながら音読 　・There is 構文に着目しながら音読 7　ジョシュの思い出にタイトルを付ける 　(1)個人で考える。 　(2)ペアまたはグループで交流する。 8　本時の振り返り	「主体的に学習に取り組む態度」 ワークシートを回収し，タイトルについて評価する。

4	**課題　メグの思い出に，タイトルを付けよう。** 1　前時の復習 　ジョシュの思い出に付けたタイトルを交流し，仲間の表現から学ぶ。 2　本文を聞く 3　本文の音読練習① 4　新出単語の確認 5　本文の内容理解（TF → QA） 6　本文の音読練習②＋新出文法の導入 　・読めるようになった単語のアンダーラインを消しながら音読 　・過去進行形に着目しながら音読 7　メグの思い出にタイトルを付ける 　(1)個人で考える。 　(2)ペアまたはグループで交流する。 8　本時の振り返り	「主体的に学習に取り組む態度」 ワークシートを回収し，タイトルについて評価する。
5	**課題　教科書の文を参考に，１年間の思い出を書こう。** 1　前時の復習 　メグの思い出に付けたタイトルを交流し，仲間の表現から学ぶ。 2　教師のモデル文にタイトルを付ける 　第１時に提示した教師のモデル文を再提示し，もう１回タイトルを付ける。第１時からの自己の伸びや変容を実感する。 3　１年間の思い出で，一番心に残っていること（以下：思い出）について書く 　教科書及び教師のモデル文を参考に書く。教科書は，Stage Activity 3 を活用する。 4　本時の振り返り	「知識・技能」 「主体的に学習に取り組む態度」 ワークシートを回収し，英作文を評価する。

第１学年

第２学年

第３学年

6	課題 仲間が書いた思い出に，素敵なタイトルを付けてあげよう。 1 仲間の思い出にタイトルを付ける (1)小グループになり，仲間が書いた思い出を回し読みする。 (2)それぞれの思い出文に対して，相手意識を持ち，適切かつ相手が嬉しくなるような素敵なタイトルを付ける。 ※時間を区切り，テンポよく進めることで，生徒が概要を捉えることに意識化できるようにする。 2 付けたタイトルをグループで交流し，仲間の表現から学ぶ 3 思い出を書いた本人が一番いいと思うタイトルを選ぶ 4 グループ以外の仲間と，思い出及びタイトルを交流し，コメントを伝え合う 5 本時の振り返り	「思考・判断・表現」 「主体的に学習に取り組む態度」 授業での様子観察 ワークシートを回収し，タイトルを評価する。
7	課題 思い出を清書しよう。 1 単元の復習 教科書の文の音読練習を行う。 2 思い出にタイトルを加えて清書する	「主体的に学習に取り組む態度」 清書文を回収し，英作文を評価する。
8	課題 新出文法の復習をしよう。 1 文法の復習をする (1)教科書にある Grammar for Communication 7 を活用して，be 動詞の過去形，現在進行形の復習をする。 (2)There is 構文については，実物を示しながら復習をする。 2 本時の振り返り	「知識・技能」 ワークシートを回収し，英作文等を評価する。

5 指導と評価の実際

❶ 第1時

本時の大きなねらいは，生徒に単元を通して付けたい力及び単元の終末で行う活動を把握させ，学習への見通しとやる気を持たせることである。それを言葉で説明するのではなく，単元の終末で行う活動を実際に生徒にやらせてみて，現状を把握させることがポイントである。単元の学習を行っていない生徒にとって，課題は難しくあまり書くことはできないが，本時はそれでよしとする。単元の学習を進めるうちに，段々とできるようになり，最後に自己の伸びや変容を実感できるようにすることを大切にしたい。

教師が提示した思い出文へのタイトル付け，思い出書きを本時の主たる活動とし，授業への取り組み姿勢やワークシートから，「主体的に学習に取り組む態度」を評価する。

❷ 第2〜4時

本時の大きな流れは，「教科書の内容理解」→「新出文法の確認」→「タイトル付け」である。タイトルを付ける場面をメインの活動とするため，前半部分を短くする。新出文法については，第8時に再度確認する時間があるため，ここでは音読練習中に，生徒の気付きを大切にしながら指導していく。タイトルを付ける場面では，タブレットを使いながら，まずは個人で考えさせる時間を取り，その後学級の実態に応じてペアまたはグループで交流する。教師は，メタ文字等を利用して，全体に広めたいタイトルを，全体でシェアし，価値付けていく。

本単元では「読むこと」の「イ　日常的な話題について，簡単な語句や文で書かれた短い文章の概要を捉えることをできるようにする」を目標とするため，長い時間をかけて読みタイトルを付けるのではなく，時間を区切ってテンポよく活動することを大切にしたい。ワークシートを参照しながら，「主体的に学習に取り組む態度」を評価する。

❸ 第5時

本時の主たる活動は，教科書の文や教師のモデル文を参考にして，1年間で一番心に残った思い出を書くことである。この活動は第1時で行っているため，その時との比較で，自己の伸びや変容を実感させたい。ワークシートを回収し，英作文から「知識・技能」「主体的に学習に取り組む態度」を評価する。

❹ 第6時

本単元でメインとなる活動である。小グループになり，時間を区切りながら，前時に書いた思い出文を回し読みし，適切かつ相手が嬉しくなるような素敵なタイトルを付けていく。さらに付けたタイトルを小グループで交流し，仲間の表現から学ぶことができるようにする。次に，

書いた本人が一番いいと思ったタイトルを選び，次の時間の清書に生かす。最後に，仲間に付けてもらったタイトルと思い出文を，グループ以外の仲間と交流し，コメントを伝え合うことで，達成感を味わえるようにする。

　本活動を通して，英語力だけでなく相手や相手の作品を大切にする心を育て，喜びを共有することで，人間性の向上や学級の温かさにもつなげていきたい。ワークシートを回収し，タイトルから「思考・判断・表現」「主体的に学習に取り組む態度」を評価する。

❺　第7時

　最初に本文の音読練習を通して行い，本単元の復習をする。次に，第6時で書いた思い出文を清書する。清書文を回収し，「主体的に学習に取り組む態度」を評価する。

❻　第8時

　文法の復習をする。教科書にあるまとめのページやワークシートを利用する。ワークシートを回収し，英作文等から「知識・技能」を評価する。

6　「主体的に学習に取り組む態度」の指導と評価のポイント

❶　第1時に単元の終末で行う活動を行う。

　まずは，自分の持てる力（既習事項）を使って，単元終末に行う活動に取り組んでみる。見通しを持つと同時に，できるようになりたいというより具体的なイメージを持たせる。

●評価の基準

a	既習の表現を駆使して，タイトルを付けたり，思い出を書いたりしている。
b	タイトルを付けようとしたり，思い出を書いたりしている。
c	bに達していない。

❷　単元を通して同様の活動を繰り返すことで，自己表現を工夫する。

　次に，文章を読んでタイトルを付ける活動を繰り返すと同時に，仲間から学ぶ時間を位置付けることで，自己の学びを調整しながら，よりよいタイトルを付けられるようにする。

●評価の基準

a	前時の振り返りや仲間の表現を生かし，相手に配慮したタイトルを付けている。
b	内容に合ったタイトルを付けている。
c	bに達していない。

【資料　ワークシート】

Unit II This Year's Memories

Goal：仲間の書いた思い出に素敵なタイトルを付けてあげよう！

Class（　　）No.（　　）Name（　　　　　　　　　　　　　　　）

1　先生の思い出にタイトルを付けよう。

①［第1時用　　　　　　　　　　　　　　　　　　　　　　　　　　］

②［第5時用　　　　　　　　　　　　　　　　　　　　　　　　　　］

2　1年間の思い出の中で一番心に残っていることを書こう。

第1時用

↓

第5時用

3　第2時

①　海斗の思い出にタイトルを付けよう

②　今日の授業で学んだこと，次の授業に生かしたいことを書こう

以下第3時，4時と続く

4　第6時

①　仲間の思い出にタイトルを付けよう

〈名前　　　　　　　タイトル　　　　　　　　　　　　　　　　　〉

〈名前　　　　　　　タイトル　　　　　　　　　　　　　　　　　〉

②　本単元を通して学んだことを書こう

（井添　純一郎）

第1学年

第2学年

第3学年

3 「学校紹介30秒 CM」を披露して，他の生徒や ALT からの質問に答えよう！

関連教材：*NEW HORIZON English Course 1*, Unit 8, "A Surprise Party"

1 単元（授業）の概要

　本単元は学習指導要領の「話すこと［やり取り］」の「ア　関心のある事柄について，簡単な語句や文を用いて即興で伝え合うことができるようにする」ことを目標にした内容になっている。Story 1 では，海斗が友達のメグに電話をかけて「新しいゲームをしないか」と誘う場面だ。Story 2 では，実はゲームはメグを誘う口実で，メグの誕生日を友人たちがサプライズで祝おうと準備している様子が描かれる。友人の一人がビデオを撮影しながら，それぞれ「何をしているところなのか」を説明している。Story 3 では，誕生日プレゼントをもらったメグが "How nice!" と，喜ぶ場面が描かれている。サプライズパーティーは成功したのか，メグの反応を読み取る。単元全体を通しての主な言語材料は現在進行形の文である。また，驚きを表す場面での表現として感嘆文も教えたい。

　授業では，Picture Card や校内の様子を撮影したビデオを用いて「何をしているところか」を説明させたり，複数枚の異なる絵が描かれたワークシートで Information Gap Activity を行わせたりして，現在進行形の表現に慣れさせていく。単元の終わりに，「学校紹介30秒 CM」を作成し，学校紹介のナレーションを付けて他校の生徒や ALT に披露し，紹介 CM を見た人たちからの質問に答えるタスクを行う。

2 単元の指導目標

〔知識及び技能〕
・現在進行形の文の特徴やきまりを理解して，現在進行形を使って伝え合ったり，話したりできる。

〔思考力，判断力，表現力等〕
・校内で行われていることを，その様子がわかるように説明することができる。また，現在形の文と現在進行形の文とを説明したいことに応じて使い分けられる。
・動画を見た生徒たちからの質問に即興で応じることができる。

「学びに向かう力，人間性等」
・本校の生徒ではない人がこの動画を見たときに，学校紹介としてわかりやすいものだったかどうかを振り返り，より適切な英語の表現で伝えようとする。
・動画を見た生徒からの質問に対して，自分なりに考えたり工夫したりして答えようとする。

3 単元の評価規準

「知識・技能」

・現在進行形を用いた文の形・意味・用法を理解できる。(話すこと［やり取り］)

・一般動詞と現在進行形の使用場面を区別して，場面に応じて用いることができる。

(話すこと［やり取り］)

・「今していること」について現在進行形を用いて，その状況を説明する技能を身に付けている。(話すこと［やり取り］)

「思考・判断・表現」

・現在何をしているところなのかを伝えるために，人が今していることについて，簡単な語句や文を用いて説明できる。(話すこと［やり取り］)

・現在の状況を知るために，人が今していることについて，簡単な語句や文を用いて尋ねたり答えたりできる。(話すこと［やり取り］)

「主体的に学習に取り組む態度」

・現在何をしているところなのかを伝えるために，人が今していることについて，簡単な語句や文を用いて説明しようとしている。(話すこと［やり取り］)

・現在の状況を知るために，人が今していることについて，簡単な語句や文を用いて尋ねたり答えたりしようとしている。(話すこと［やり取り］)

4 単元の指導計画（全9時間）

時	主な学習活動	評価規準と評価方法
1	課題　メグが今何をしているのかを聞き取ろう。 （あいさつと帯活動） 1　単元の導入 　パーティーにはどんなものがあるか意見を出した後に，New Zealand のパーティーについての動画を視聴して，人々がどんなことをしていたのかについて，やり取りして確認する。 2　単元の自己目標を設定 　学校紹介の動画を作るときにどんなことを言いたいか考える。 3　Preview の動画を視聴 　現在進行形を含む海斗とメグの電話でのやり取りを視聴して，彼らがどんな内容の話をどのような表現を用いて話していたか，メモを取りながら聴く。 4　メグの様子 　聞き取った内容について，やり取りしながら確認する。	「主体的に学習に取り組む態度」 ワークシートを回収して，記述内容を評価する。

第1学年

第2学年

第3学年

	5 「今していること」の表現の形に注目 　「今テレビを見ているところ」という表現の形に注目し，文の形を確認。Picture Card を用いて，「～は…しているところだ」という表現を口頭練習する。 6 新出語句 　なぞり書きシートを用いて，新出語句の発音と綴りの練習をする。	
2	課題　メグは明日の何時にどこへ行けばいいのかを聞き取ろう。 1 前時の復習 　ワークシートを見ながら，教師からの質問に答える。 2 Story 1 の動画視聴 　海斗とメグのその後の会話を，メモを取りながら視聴する。 3 本文内容確認 　聞き取った内容について TorF，Q&A でやり取りしながら確認する。また，生徒が自分で作った質問を友達に尋ねたり，答えたりして内容理解を深める。（質問は内容に関する問いなら何でもよい。現在進行形の疑問文について文法は未習だが使ってみる。） 4 現在進行形の肯定文についての文法説明 　文法説明動画を視聴して，表現の形を理解する。また〈動詞 +ing〉の綴り方のルールを理解する。 5 音読練習 　Choral reading, Buzz reading, Pair reading, サイトトランスレーションシートを用いて日本語を見て英文に直す。	「主体的に学習に取り組む態度」 ワークシートを回収して，記述内容を評価する。
3	課題　ジョシュや朝美たちが何をしているか説明しよう。 1 動画を見て説明する 　校内で撮影した動画を見て，先生や生徒たちが何をしているところかの質問に答える。 2 パーティー会場の様子を説明する 　Story 2 の動画を見て，ジョシュ，朝美，海斗が何をしているところかをメモを取る。 3 本文内容確認 　視聴した内容について TorF，Q&A でやり取りしながら確認する。また，生徒が自分で作った質問を友達に尋ねたり，答えたりして内容理解を深める。 4 現在進行形の疑問文 　文法説明動画を視聴して，表現の形を理解する。 5 音読練習	「主体的に学習に取り組む態度」 ワークシートを回収して，記述内容を評価する。

		Choral reading, Buzz reading, Pair reading, サイトトランスレーションシートを用いて日本語を見て英文に直す。	
4		**課題　誰が何をしているか調査しよう。** 1　Picture Card 　絵を用いて，今していることについて尋ねたり答えたりする。 2　Listening 　クック先生の説明を聞いて，写真の中の友達の名前を当てる。 3　Listening 　メグと海斗の会話を聞いて，どのような状況なのかを聞き取る。友達とやり取りして内容を確認する。 4　Information Gap Activity 　いろいろなことをしている人とその名前が描かれたワークシートを用いて，空欄になっている人物の名前を調査する。ワークシートは数種類あり，名前の空欄はさまざまである。前半はまずいろいろな尋ね方を工夫して，調査してみる。いったん活動を止め，どのような聞き方をしたら情報が得られるか表現を共有してから，後半を行う。 5　Writing 　Information Gap Activity で自分が調査した人物が何をしているのかを説明する英文をワークシートに書く。	「主体的に学習に取り組む態度」 ワークシートを回収して，記述内容を評価する。
5		**課題　メグの反応を真似して読んでみよう。** 1　校内で行われていることを説明する 　今，校内で行われていることを，時間割を見ながら説明する。 2　パーティー会場の様子を説明する 　Story 3 の動画を視聴して，パーティー会場に到着したメグの様子を中心にメモを取る。 3　本文内容確認 　視聴した内容について TorF，Q&A でやり取りしながら確認する。また，生徒が自分で作った質問を友達に尋ねたり，答えたりして内容理解を深める。 4　感嘆文 　文法説明動画を視聴して，表現の形を理解する。 5　音読練習 　感情を込めながら，Choral reading, Buzz reading, Pair reading, サイトトランスレーションシートを用いて日本語を見て英文に直す。	「主体的に学習に取り組む態度」 振り返りシートを回収して，記述内容を評価する。
6		**課題　学校で行われることについて，質問したり答えたりしよう。**	

第1学年

第2学年

第3学年

	1　与えられたテーマに沿って即興で学校紹介をしてみる 　教科名や学校行事，制服，部活動，給食など校内で行われる活動や学校の様子についてペアで質問したり答えたりする。教師がテーマを黒板に書き，生徒はどんなふうに紹介したらいいか考えながらパートナーに英語で説明する。 2　実況レポートをしてみる 　テーマ（学校生活の一場面の写真）に沿って，どんな説明の方がより伝わるか，即興で写真の場面説明をする。 3　学校紹介メモを作成する 　ペアで異なるシーンを説明する。与えられたテーマ（学校生活の一場面の写真）に沿って，英文メモを作成する。映っている場所や撮影時の時刻，映っている人たちがしていること，自分がどう感じるかなどを盛り込む。 4　メモを基に場面の様子を説明する 　ペアで場面の紹介をする。パートナーは，その紹介を聞いて，紹介されていなかったこと等について質問する。紹介者は即興で答える。	「主体的に学習に取り組む態度」 振り返りシートを回収して，記述内容を評価する。
7	課題　学校紹介を30秒の動画にまとめよう。 1　前時で作成したメモを基に練習 　同じテーマを担当した生徒同士で班を作り，前時で使用したワークシートのメモを見ながら，紹介文を読み上げ合う。どのような紹介ができたのか，お互いに参考にする。 2　班で1つの動画を作成する 　3人グループを作り，班で1つのテーマを担当する。それぞれが担当する学校生活の一場面について，詳しい紹介をする。どのような動画や写真を用いて，どのような紹介文にしたらよいか話し合い，ナレーションメモやラフ画メモを作成する。 3　必要な動画，写真を撮影する 　次の時間までに必要な動画や写真を準備しておく。	「主体的に学習に取り組む態度」 振り返りシートを回収して，記述内容を評価する。
8	課題　作成した動画を用いて，実況中継のように紹介しよう。 1　リハーサル 　班の中で，動画や写真に合わせて何をしている様子なのかを，実況説明をする。 2　発表 　班で順番に発表する。紹介が終わったら，聞いている生徒やＡＬＴは，もっと詳しく知りたいことや感想等を述べ合う。	「知識・技能」 「思考・判断・表現」 発表の様子と質問の受け答えについて評価する。 「主体的に学習に取り組む態度」 振り返りシートを回収して，記述内容を評価する。

9	課題　何をしているところなのかを質問したり答えたりしよう。 1　やり取りの観察 　Information Gap Activity 用のワークシートを用いて，ペアでやり取りしている様子を観察することで評価する。	「知識・技能」 現在進行形を使用しなくてはならない文脈で用いている。

5　指導と評価の実際

❶　第1時

　現在，何をしているところなのかを伝えるために，「人が今していること」について，パーティーの様子や，慣れ親しんだ教科書の登場人物の様子について，教師の問いかけに生徒が答える。その状況説明のやり取りを通して，Unit Activity である「学校紹介の実況説明」のイメージを想起させる。また，動画を視聴してわかったことをワークシートにイラストやキーワードでメモを取ろうとしているかどうかを評価する。

❷　第2時

　視聴した内容をペアで共有する際に，どのような質問をしたら欲しい答えが得られるか，「見方・考え方」を発動させて，まずは自分で考えて質問してみる体験をさせる。その後，教科書を読んで聞き取れなかった内容を確かめさせたり，英語の質問に答えたりすることで内容の確認を行う。理解したかどうかを把握するために，ワークシートを回収して聞き取ったことをイラストやキーワードを用いてメモを取ろうとしているか，オリジナルの質問をつくろうとしているかどうかで評価する。

❸　第3時

　Story 2 では，ジョシュが海斗や朝美がパーティーの準備をしている様子をビデオに撮りながら，海斗や朝美に何をしているのかをやり取りしている。質問の仕方や答え方のモデルが示されているので，内容の確認とともに表現の仕方を意識させる。動画を視聴してわかったことをメモさせ，内容が理解できたかどうかを質疑応答で把握する。教科書で述べられていることについて，生徒にオリジナル・クエスチョンを作成させ，生徒同士でやり取りさせる。ワークシートを回収してイラストやキーワードで理解したことについて，メモを取ろうとしているかを評価する。

❹　第4時

　6枚の異なるワークシートを用いて Information Gap Activity を行う。絵の中の6名分の人物名を調査する。前半は，まずどんな質問をしたらよいか自分で考えて問いかけさせることで，

第1学年

第2学年

第3学年

「見方・考え方」を発動させる。中途でいったん情報を共有する際に，必ずしも現在進行形を用いなくても情報は得られるが，進行形の表現を用いると効率よく情報が得られることを確認する。その後，後半を実施すると，表現のバリエーションが増え，中には進行形を用いて質問する生徒が見られるようになる。自分が調べるべき6名について，話して得た情報を入れて英文で書く。ワークシートを回収して，調べた人物名が正しいかどうか，またその人物が何をしているところなのかを英文で書き説明しようとしているかを評価する。

❺　第5時

　会話はキャッチボールであり，質問したり，共感したり，相づちを打ったり，聞き返したり，自分の考えを述べたりすることで，深まったり広がったりする。その中で，驚きや感動を素直に表す表現を知ることで，さらにコミュニケーションが豊かになることを踏まえ，Story 3のメグになったつもりで感嘆を伝える練習をさせたい。教科書で述べられていることについて，内容把握のための質疑応答をする。生徒にもオリジナル・クエスチョンを作成させ，生徒同士でやり取りさせる。ワークシートを回収してイラストやキーワードでメモを取ろうとしているか，わかった内容を基にして質問をつくろうとしているかを評価する。

❻　第6時

　本校の様子を知らない人に学校紹介するために，どのような場面を切り取りどういう表現を使ったらよいか，今までに学んだことを生かして挑戦する。教師は，紹介を聞いた人が質問や感想を述べられるような熱心な雰囲気をつくる。即興で考え等を述べることは難しいが，「何て言ったらいいのか」と，まず生徒自身が悩むことで，その後よりよい表現がわかったときにすっと腑に落ち，理解が進む。振り返りのワークシートに，生徒の表現の工夫や疑問点を記述させて，内容についてフィードバックを与えたり，評価したりする。

❼　第7時

　プロジェクトを班で行うことには目的が2つある。自分一人ではどうしてもやる気が起きない生徒にとっては，仲間を頼りにしながらでもプロジェクトに参加できることと，紹介するトピック（例えば「学校行事」）について，3人の観点で語られることで広がりや深まりが生まれる。また，動画等を用いて30秒というコンパクトな長さにまとめることで，話したい内容が精査される。ワークシートを回収して，学校生活の一場面を説明しようとしているかを評価する。

❽　第8時

　タブレット端末を活用して，効果的な紹介にまとめる。自分たちが聞いている人にわかりや

すく発表することだけでなく，友達の発表を聞いて，効果的な発表の仕方を学ぶ機会にする。紹介は，わかりやすさの他に，「知識・技能」の評価規準に沿って，現在形や現在進行形を区別して使用しているかを評価する。発表を聞く人は生徒用の評価シートにメモを記入しながら聴いたり，疑問点や感想を述べられたりするようにする。

❾　第9時

どの生徒にとっても初見のワークシートを用いて，ペアで情報をやり取りさせる。現在進行形を使用しなくてはならない文脈で，正しく用いることができるかを観察する。

6 「主体的に学習に取り組む態度」の指導と評価のポイント

❶　現在何をしているところなのかを伝えるために，人が今していることについて，簡単な語句や文を用いて説明しようとしているかを，ワークシートの記述内容で評価する。「自己調整」を行っている様子を積極的に評価する。

●評価の基準

a	わかった内容をワークシートのメモに残しており，そこで学んだ表現のメモを積み重ねた成果が，ペアでのやり取りや学校紹介文等のパフォーマンスに十分に表れている。
b	わかった内容をワークシートのメモに残しており，メモを参考にしてペアでやり取りしたり，学校紹介をしたりしている。
c	bに達していない。

❷　現在の状況を知るために，人が今していることについて，簡単な語句や文を用いて尋ねたり答えたりしようとしているかを，本文内容確認のオリジナル・クエスチョン作りや，パフォーマンステストで評価する。

●評価の基準

a	語られた内容を基に，内容確認のための質問を英語で作り書くことができる。また，友達からの質問に正しく答えることができる。パフォーマンステストでは，即興で質問に答えられる。
b	たどたどしさや多少の英語の間違いはあるものの，語られた内容を基に，内容確認のための質問を英語で作り書くことができる。また，友達からの質問に正しく答えることができる。パフォーマンステストでは，質問に答えられる。
c	bに達していない。

（藤原　陽子）

4 大切なものを紹介しよう

関連教材：*NEW CROWN English Series 1*，Project 3，「大切なものを紹介しよう」

1 単元（授業）の概要

　本単元は，世界中の中学生が参加するプレゼンテーションコンテスト「My Treasure」が行われることになったという設定である。コンテストに参加するために，絵や写真を見せながら，自分が大切にしているものについて，気持ちや考えを整理し，まとまりのある内容を話す活動を行う。スピーチとして表現するためには，羅列的に事実を表現したり，事実と考えを整理することなく思いついた順番に表現することがないように，話し手として伝えたい事実や考えなどの順番を考えたり，話のテーマに沿った展開になっているかを確認する必要がある。そのためにアイデアマップで構想を膨らませた後に，スピーチの概要や大筋を箇条書きにしたり，展開を整理したりする時間を設定する。また，スピーチの練習をする際などに，わかりづらかった表現を確認し，聞き手に配慮したスピーチになるように指導する。スピーチをする際には，アイコンタクトや姿勢，表情などに加えて，聞き手に問いかけたり，問いかけた後に考える間を取ったりすることにより，コミュニケーションとしてのスピーチとなるよう指導していく。

2 単元の指導目標

〔知識及び技能〕
・実際のコミュニケーションにおいて，日常的・社会的な話題について，事実や考え，気持ちなどを話すことができる。

〔思考力，判断力，表現力等〕
・自分の大切にしているものについて，準備した上で，発表することができる。

「学びに向かう力，人間性等」
・自分の大切にしているものについて，準備した上で，発表しようとする。

3 単元の評価規準

「知識・技能」
・英語の特徴やきまりに関する事項を理解している。（話すこと［発表］）
・実際のコミュニケーションにおいて，日常的・社会的な話題について，事実や考え，気持ちなどを話す技能を身に付けている。（話すこと［発表］）

「思考・判断・表現」
・プレゼンテーションコンテストに参加するために，自分の大切にしているものについて，事

実や自分の考えを整理し，簡単な語句や文を用いて話している。（話すこと［発表］）

「主体的に学習に取り組む態度」

・プレゼンテーションコンテストに参加するために，自分の大切にしているものについて，事実や自分の考えを整理し，簡単な語句や文を用いて話そうとしている。（話すこと［発表］）

4 単元の指導計画（全4時間）

時	主な学習活動	評価規準と評価方法
1	1　導入 　リード文などを用いて，活動の場面や状況などを確認する。 　課題　スピーチするときにどんなことに気をつければよいだろう。 2　Listen「陸の発表を聞こう」 　(1)発表を聞く前に陸が発表した後の質問を事前に読ませ，その答えを探しながら聞くよう指示する。 　(2)陸の発表をデジタル教科書で視聴し，グループで答えを確認させる。 　もう一度聞く前に，陸のアイコンタクトや姿勢，表情などに注目して聞くよう指示する。 3　Think「あなたが大切にしているものを1つ選んで，アイデアマップを作ろう」 　ペアやグループになり，話しながら教科書の例を参考にアイデアマップを書かせる。アイデアマップを見ながら陸の発表を聞き，どの考えがどのように配置されているかを把握させることでアイデアマップから発表原稿づくりへと進めやすくする。 4　Write「アイデアマップを整理し，発表メモを作ろう」 　陸のアイデアマップと発表メモの関係を参考にするよう指示する。メモなので文ではなく原稿が思い出せるようなキーワード等を書くよう促す。ペアやグループで話し合いながら行わせる。他の人の思考の過程を知ることで，自分の考えを整理することができることを気付かせたい。メモはタブレットで提出させる。 5　まとめ 　この単元のゴールイメージを示すためにルーブリック（資料1）を生徒に示し，ポイントを確認する。 6　振り返り 　プログレスカード（資料2）に記入する。	「主体的に学習に取り組む態度」 プレゼンテーションコンテストに参加するために，自分の大切にしているものについて，事実や自分の考えを整理し，簡単な語句や文を用いて話そうとしている。 プログレスカード 「2　目標を達成するためにどんな工夫をしてみたいですか。」の記述内容で評価する。（p.50 ❶参照）

2	1 前時の確認 　生徒が作成したアイデアマップと発表メモに教師がアドバイスを加えたものを返却し，生徒に確認させる。 　課題　どうすれば聞き手に伝わりやすい発表になるだろう。 2 Practice「発表の練習をしよう」 　(1)個人でメモを見ながら発表する練習を行う。タブレットで録画し見返すことで，アイコンタクトや姿勢，表情などを意識させる。言いづらいところがあれば，メモを修正したり書き加えさせる。この単元での発表は，原則原稿を作らずにメモのみを用いて発表することを前提にしている。そのため，メモのみで行う場合，「正しい英文」を話すことが大切ではなく，聞き手にキーワードが伝わることを最優先することを意識させる。 　(2)発表することについて，どんな質問が出るか考えさせ，その質問の答えも考えさせる。 　(3)ペアやグループで発表の練習を行う。 　　① Speaker 　ペアやグループの前で発表する 　　② Listener 　Speaker の発表を聞く。その後，Speaker にわかりづらかった点などを伝える。 　　③ Speaker 　Listener のアドバイスを聞いて，自分の発表を振り返る。 　　④ Listener からのフィードバックを基にペアやグループで話し合いながらメモや話す内容を修正する。 3 まとめ 　どうすれば聞き手に伝わりやすい発表になるかまとめる。 4 振り返り 　プログレスカードに記入する。	
3	1 前時の確認 　スピーチの修正点を確認させる。 　課題　コミュニケーションとしてのスピーチにするにはどうすればよいだろう。 2 Practice「発表の練習をしよう」 　(1)ペアやグループで発表の練習を行う。 　　① Speaker 　修正点を基にもう一度ペアやグループの前で発表する。発表と Q&A time はタブレットで録画しておく。 　　② Listener 　発表を聞きながら質問を考え，発表後に Speaker に質問する。	

	③ Speaker　Listener の質問に答える。 ④ Listener からのフィードバックを基にペアやグループで話し合いながら質問のやり取り，メモや話す内容等を修正する。写真や絵を見せるタイミングや見せ方とスピーチの連動なども確認する。 3　まとめ 　コミュニケーションとしてのスピーチについてまとめる。 4　振り返り 　個人でタブレットで録画したものを見返すことで，コミュニケーションとして前回の発表と変わった点，改善できた点などを確認させる。 　プログレスカードに記入する。	「主体的に学習に取り組む態度」プレゼンテーションコンテストに参加するために，自分の大切にしているものについて，事実や自分の考えを整理し，簡単な語句や文を用いて話そうとしている。 プログレスカード 「4　毎時間の振り返り」の記述内容及びタブレットの録画内容で評価する。（p.50❷参照）
4	課題　写真や絵を見せながら，大切なものを発表しよう。 1　Speak「写真や絵を見せながら，大切なものを発表しよう」 　発表はクラス全体での発表を基本とする。発表は評価用に録画しておく。 　発表⇒Q&A time で1セットの発表形式として行う。Q&Aは時間を限定し，即興でのやり取りを促す。 　Q&Aが滞ることが予測される。教師は生徒の発言をキャストし補完することで，生徒が自分の言葉として学習できるよう心がける。 2　まとめ 3　振り返り 　プログレスカードに記入する。	「主体的に学習に取り組む態度」プレゼンテーションコンテストに参加するために，自分の大切にしているものについて，事実や自分の考えを整理し，簡単な語句や文を用いて話そうとしている。 ルーブリック表（資料1） プログレスカード 必要に応じて「5　単元を通しての振り返り」の記述内容を加味して評価する。（p.51❸参照）

5　指導と評価の実際

❶　第1時

　この単元のゴールイメージを示すためにルーブリックを生徒に示し，ポイントを確認する。評価規準としては以下の4点を評価する。

構　　成	伝えたい事実や考えなどの順番を考えたり，話のテーマに沿った展開になっている。
内　　容	聞き手にわかりやすいスピーチになっている。
表 現 力	ジェスチャーやアイコンタクト，声量，姿勢，表情など聞く人に配慮したスピーチになっている。
やり取り	聞き手に問いかけたり，問いかけた後に考える間を取ったりするなどコミュニケーションとしてのスピーチになっている。

その後，プログレスカードを配付し，目標を達成するためにどんな工夫をしてみたいか考えを書かせる。

❷　第2時

発表原稿を作らずにメモのみを用いて発表することを前提にしている。そのため，メモのみで行う場合，「正しい英文」を話すことが大切ではなく，聞き手にキーワードが伝わることを最優先することを意識させる。

❸　第3時

個人でタブレットに録画したものを見返すことで，コミュニケーションとして前回の発表と変わった点，改善できた点などを確認させる。

❹　第4時

発表はクラス全体での発表を基本とする。「主体的に学習に取り組む態度」は「思考・判断・表現」と一体的に評価する。必要があればプログレスカードの記述を踏まえて，自己調整の成果を「主体的に学習に取り組む態度」の評価に加味する。

6 「主体的に学習に取り組む態度」の指導と評価のポイント

❶　単元の目標（ゴールイメージ）を生徒に提示する。

まず，モデルパフォーマンスを生徒に示す。この単元の中では陸の発表になるが，デジタル教科書を使用して，アイコンタクトや姿勢，表情などに加えて，聞き手に問いかけたり，問いかけた後に考える間を取ったりすることにより，コミュニケーションとしてのスピーチとなっていることを気付かせたい。その上で，ルーブリックを生徒に示し，ポイントを確認していく。その後，プログレスカードを配付し，自己調整力を養う目的で目標を達成するためにどんな工夫をしてみたいか考えを書かせる。

●評価の基準

a	目標を達成するための工夫が具体的に書かれている。
b	目標を達成するための工夫が書かれている。
c	bに達していない。

❷　生徒のメタ認知能力を高めるような「気付き」を与える。

プログレスカードに書かれた振り返りに教師がアドバイスを加える。また，タブレットで録画した生徒自身の発表を見返すことで客観的に自分の発表を捉えることができる。さらにペアやグループで改善点やアドバイスなどを出し合う。さまざまな視点から生徒に「気付き」を与

えることで「自己調整力」を高めていく。

●評価の基準

a	教師や周囲のアドバイス等から出た改善点を参考に，自ら課題を具体的に修正し，その成果がパフォーマンスに表れている。
b	教師や周囲のアドバイス等を基に改善点を修正し，それがパフォーマンスにある程度表れている。
c	bに達していない。

❸ パフォーマンス評価で「主体的に学習に取り組む態度」を評価する。

　「主体的に学習に取り組む態度」は「思考・判断・表現」にあたる言語活動に最後までしっかりと取り組むことを「粘り強さ」「自己調整」の成果と捉えて「思考・判断・表現」の評価と連動させる。「自己調整」をしっかりと行いながら「粘り強く」取り組んだにもかかわらず，パフォーマンス評価での成果が伴わない場合があることを考えてプログレスカードの記述も加味する。振り返りや課題を記述させることで生徒の活動の取り組み方を確認し，その様子が普段の授業でもうかがえるようなら「思考・判断・表現」がc評価でも「主体的に学習に取り組む態度」についてはb評価にするなどが考えられる。

●プログレスカード5の評価の基準

a	わからなかった点について，わかるようになるための工夫や方法が具体的に書かれている。
b	わからなかった点について，わかるようになるための工夫や方法が書かれている。
c	bに達していない。

●評価の基準

a	パフォーマンス評価の4観点中3観点以上がAである。
b	パフォーマンス評価の4観点中3観点以上がBである。または，課題解決に向けて改善を加えながら粘り強く取り組んでいた。
c	bに達していない。

第1学年

第2学年

第3学年

Speaking Evaluation Rubric

項目 ＼ 評価	A	B	C
構成 論理的思考力	伝えたい事実や考えなどの順番を考えたり，話のテーマに沿った展開に十分なっている。	伝えたい事実や考えなどの順番を考えたり，話のテーマに沿った展開におおむねなっている。	羅列的に事実を表現したり，事実と考えを整理することなく思いついた順番に表現している。
内容	聞き手にわかりやすいスピーチになっている。	おおむね聞き手にわかりやすいスピーチになっている。	聞き手にわかりやすいスピーチになっていない。
表現力	ジェスチャーやアイコンタクト，声量，姿勢，表情など聞く人に配慮したスピーチになっている。	ジェスチャーやアイコンタクト，声量，姿勢，表情など聞く人に配慮したスピーチになっているが，ときおり手元の資料を見ている。	ジェスチャーやアイコンタクト，声量，姿勢，表情などが不十分で聞く人に伝わりにくい。
やり取り	聞き手に問いかけたり，問いかけた後に考える間を取ったりするなどコミュニケーションとしてのスピーチになっている。	聞き手に問いかけたり，問いかけた後に考える間を取ったりするなどおおむねコミュニケーションとしてのスピーチになっている。	聞き手に問いかけられなかったり，質問に答えられない。

【資料2　プログレスカード】

P rogress Report Card

年　組　番　氏名

教科名：**英語**

単元名：Project 3　大切なものを紹介しよう

1　単元の目標（ゴール）

大切なものについて，気持ちや考えを整理し，まとまりのある内容を話すことができる。（発表）

2　目標を達成するためにどんな工夫をしてみたいですか。

3　身に付ける思考・判断・表現　　　自己評価の場面　自己評価（A・B・C）

自分の大切にしているものについて，準備した上で，発表することができる。	発表	

4　毎時間の振り返り

月日	学習したこと，わかったこと，できたこと，できなかったこと，疑問点など
／	
／	
／	

／	
／	
／	

5　単元を通しての振り返り

(1)この単元でわからなかった点について，わかるようになるための工夫や方法を考えてみよう。

(2)今の学習方法で修正する部分があればどんなところだろう。

(3)この単元を学習して，興味を持ったり，さらに探求（追究）してみたいことがあったら書きましょう。また，この単元の学習内容が，自分たちが住む社会や仕事等の支えとなったり，役に立ったりすることがあれば，書いてみよう。

興味を持ったことやさらに探求（追究）してみたいこと	社会や仕事との関連

（佐々木　忠洋）

5 夏休みの思い出について伝え，おすすめの過ごし方を紹介しよう！

関連教材：*ONE WORLD English Course 1*, Lesson 4, "Our Summer Stories"

1 単元（授業）の概要

　単元の終末では，「ALT の先生に夏休みの思い出について伝え，日本でのおすすめの過ごし方を紹介しよう。」という目標を設定し，日本で過ごしている外国人を相手に，夏休みで自分の思い出に残った日について伝え，「日本ではこんな過ごし方ができる」という内容を紹介する活動を行う。ALT の先生の趣味や好み，これまでの経験の有無などについて把握することで，いくつかの思い出の中から紹介する内容を選び，具体的にしたことや感想などを詳しく書いて伝える「書くこと」の場面を設定する。相手に興味を持ってもらえるよう，相手のニーズに合わせた情報を選択し，その内容についてできるだけまとまりのある文章を書くことを目指す。

2 単元の指導目標

〔知識及び技能〕
・過去形の特徴やきまりを理解し，過去形を使って書くことができる。
〔思考力，判断力，表現力等〕
・相手のニーズに合わせ，適切なテーマを考えて書くことができる。
・相手が要点をつかみやすいように，まとまりのある文を書くことができる。
「学びに向かう力，人間性等〕
・相手のニーズに合わせ，適切なテーマを考えて書こうとする。
・相手が要点をつかみやすいように，まとまりのある文を書こうとする。

3 単元の評価規準

「知識・技能」
・過去形の特徴やきまりを理解し，過去形を使って書くことができる。（書くこと）
「思考・判断・表現」
・相手のニーズに合わせ，適切なテーマを選択して書いている。（書くこと）
・相手が要点をつかみやすいように，まとまりのある文を書いている。（書くこと）
「主体的に学習に取り組む態度」
・相手のニーズに合わせ，適切なテーマを考えて書こうとしている。（書くこと）
・相手が要点をつかみやすいように，まとまりのある文を書こうとしている。（書くこと）

4 単元の指導計画（全6時間）

時	主な学習活動	評価規準と評価方法
1	**課題 夏休みにしたことについて書こう。** （あいさつや帯活動については省略） 1 新出事項の導入及び練習 　過去形（一般動詞）について口頭導入を行い，口頭で練習する。 2 Part1の本文の内容理解 　本文を読み，Q&Aを行うことで本文の内容理解を行う。 3 表現等の確認 　夏休みにしたことについて書くために必要な表現について確認する。 4 口頭練習 　さまざまな一般動詞の過去形を例に挙げて口頭練習をする。 5 英作文 　夏休みにしたことについて，ブレインストーミングで情報を広げ，英語で書く。 6 本時のまとめ 　まとめの後，振り返りシート（資料1）に記入する。	「主体的に学習に取り組む態度」 振り返りシートに自分の考えを書き，学習を調整しようとしている。
2	**課題 夏休みにしたことについて，読み手に伝わるように書こう。** 1 新出事項の導入及び練習 　過去形（be動詞）について口頭導入を行い，口頭で練習する。 2 Part1の本文の音読 　教科書の内容を繰り返し音読し，やり取りに必要な表現に慣れる。 (1) Japanese and English reading (2) One word reading (3) Slash reading (4) One sentence reading (5) Gesture and reading	

第1学年

第2学年

第3学年

	3　英作文 　前回書いたことを基に，夏休みの思い出について6文以上で書く。 4　アイデアの共有 　読み手に伝わりやすいポイント（出来事を時系列で書いたり，最後に感想を加えたりすることなど）を共有する。 5　英作文 　ポイントを踏まえて英作文を書き直す。 6　本時のまとめ 　まとめの後，振り返りシート（資料1）に記入する。	「主体的に学習に取り組む態度」 振り返りシートに自分の考えを書き，学習を調整しようとしている。
3	課題　紹介文を書くために，知りたい情報について尋ねよう。 1　新出事項の導入及び練習 　過去形の疑問文について口頭導入を行い，口頭で練習する。 2　Part 2 の本文の内容理解 　本文を読み，Q&A を行うことで本文の内容理解を行う。 3　表現等の確認 　本時の重要な表現について確認する。 4　口頭練習 　さまざまな一般動詞の過去形を例に挙げて口頭練習をする。 5　ALT インタビュー 　ALT におすすめの紹介文（夏休みの過ごし方）を考えるために，これまでにしたことなどについて ALT に尋ねる。 6　英作文 　読み手（ALT）はどんな情報を求めているのか，得た情報を基に紹介文のネタを考える。 7　本時のまとめ	
4	課題　夏休みのことについて尋ね合い，より詳しい情報について書こう。 1　前時の復習 　教科書の Tool Kit を行い，前時の内容を振り返る。 2　教科書本文の音読 　教科書の内容を繰り返し音読し，やり取りに必要な表現に慣れる。	

	3　表現等の確認 　本時の重要な表現について確認する。 4　口頭練習 　さまざまな一般動詞の過去形を例に挙げて口頭練習をする。 5　英作文 　ALT に紹介したい夏休みの過ごし方について英語で書く。 6　英作文への質問 　同じ列でお互いの文章を読み合い，他に知りたい情報などについて英語で尋ね合う文を書く。 7　本時のまとめ 　まとめの後，振り返りシート（資料2）に記入する。	「主体的に学習に取り組む態度」振り返りシートに自分の考えを書き，学習を調整しようとしている。
5	┌─────────────────────────┐ │ **課題**　相手に合わせて，自分が紹介したい内容について考 │ 　　えよう。 └─────────────────────────┘ 1　新出事項の導入及び練習 　過去形の疑問文について口頭導入を行い，口頭で練習する。 2　Part 3 の本文の内容理解 　本文を読み，Q&A を行うことで本文の内容理解を行う。 3　表現等の確認 　本時の重要な表現について確認する。 4　口頭練習 　過去形（肯定，否定，疑問など）の文を口頭で練習をする。 5　英作文 　前時に得た情報を踏まえ，ALT に紹介したい夏休みの過ごし方について書く。 6　本時のまとめ	
6	┌─────────────────────────┐ │ **課題**　おすすめの夏休みの過ごし方について紹介しよう。 └─────────────────────────┘ 1　テストの説明 　テストの流れを説明する。 2　ライティングテスト 　「ALT の先生におすすめしたい，日本の夏休みの過ごし方」について30語〜50語で書く。 3　単元のまとめ 　単元を通して学んだことについて振り返る。	

第1学年

第2学年

第3学年

5 指導と評価の実際

❶ 第1時

本文の内容を参考にしながら，一般動詞の過去形について理解する。また，ブレインストーミングで夏休みの過ごし方について書くための情報を挙げ，ライティングに向けた準備をする。その情報を基に，振り返りシートに夏休みにしたことについて書く。また，その内容を振り返って「読み手に伝わるために工夫したこと」について書かせる。ワークシートを回収し，「主体的に学習に取り組む態度」を評価する。

❷ 第2時

be 動詞の過去形について学習した後，相手が要点をつかみやすいようにする書くためのポイントを考え，全体でアイデアを共有する。その後，前時と同じ振り返りシートをもう一度印刷して配り，「読み手に伝わるために工夫したこと」について書かせる。ワークシートを回収し，前回書いたものと比較しながら「主体的に学習に取り組む態度」を評価する。

❸ 第3時

過去形の疑問文について学習した後，ALT に直接質問をする。班ごとに質問するなどして，これまでに ALT が何をして，何をしなかったかなどについて情報を得る。他にも，趣味や好みなどについても確認し，読み手に対する情報を収集する。

❹ 第4時

一度自分が書いた文をクラスでお互いに読み合い，内容に関する質問をもらった後で，一般的に読み手がどのような情報を必要としているか考える。振り返りシートを配り，今後の英作文の中でどのようなテーマを選びたいかについて振り返る。ワークシートを回収し，「主体的に学習に取り組む態度」を評価する。

❺ 第5時

前時の内容を踏まえ，最終的に決めたテーマに基づいて英作文を書く。

❻ 第6時

単元のまとめとして，ライティングテストを行わせる。

6 「主体的に学習に取り組む態度」の指導と評価のポイント

❶ 自己のパフォーマンス（ライティング）について振り返りをさせ，次回に向けて課題を解決できるように自己調整を行い，再びパフォーマンスを行う。

　第1時と第2時で同じ振り返りシート（資料1）を2つ準備し，第1時から第2時にかけて行ったパフォーマンスの中で修正されたところなどを「主体的に学習に取り組む態度」で評価する。これによって，「相手が要点をつかみやすいように，まとまりのある文を書こうとする」態度の育成を図る。

●評価の基準

a	第1時における振り返りの結果，自己調整を行い，第2時のパフォーマンスの成果が2か所以上確認できる。
b	第1時における振り返りの結果，自己調整を行い，第2時のパフォーマンスの成果が1か所確認できる。
c	bに達していない。

❷ 自己のパフォーマンス（英作文）について振り返り，テーマに関して次回に向けて修正すべき点について考える。

　次に，第4時までに行った活動（ALTへの質問，読み手からの質問など）を思い出し，その内容を基に，修正すべきであった点について考えたことを振り返りシート（資料2）に記述させ，それを「主体的に学習に取り組む態度」で評価する。これによって，「相手のニーズに合わせ，適切なテーマを考えて書こうとする」態度を育成する。

●評価の基準

a	設問3において，設問1と2の両方を踏まえて今後のテーマを選択していることが具体的に書かれている。
b	設問3において，設問2のみを踏まえて今後のテーマを選択していることが書かれている。
c	bに達していない。

Sheet for Reflection

Class （　　） No. （　　） Name （　　　　　　　　　　　　　）

☆授業を振り返り，次の目標について考えよう！

1.（　　／　　）の授業中の英作文について，学習状況を振り返ろう。

a. 夏休みにしたことについて書こう。

b. 読み手に伝わるために工夫したことを書こう（複数可）。

c. 今後に向けて，さらに意識して取り組みたいことを書こう。

【資料2 振り返りシート（第4時）】

Sheet for Reflection ②

Class （　　） No. （　　） Name （　　　　　　　　　　　　　　　　　　　　　　　　　）

☆授業を振り返り，次の目標について考えよう！

1. 文を読んだ人から出た質問には，どのようなものがあったか書こう（複数可）。

・

・

・

・

・

2. AIT の先生のことについて，前回わかったことを書こう（複数可）。

・

・

・

・

・

3. 夏休みの過ごし方について，選びたいテーマとそれを選んだ理由について書こう。

（筆谷　聡史）

第1学年

第2学年

第3学年

6 コラムの記事を読んで要点をおさえよう

関連教材：*NEW CROWN English Series 2*, Lesson 4, "Uluru"

1 単元（授業）の概要

　単元の終末では，エッセイコンテストに応募するために，行ってみたい国について，事実や自分の考え，気持ちなどを整理し，簡単な語句や文を用いてまとまりのある文章を書く活動を行う。その前段階として，オーストラリアのガイドブックに，ウルルについて書かれたコラムを読んで，要点を捉える活動を行う。教科書に出てくる Uluru のテキストと同様の長さ・内容の記事を読み，その要点を捉える問いに答えさせ，その出来を評価する。

2 単元の指導目標

〔知識及び技能〕

・〈動詞（give など）＋A＋B〉を理解し，〈動詞（give など）＋A＋B〉を使って伝え合ったり，話したり，書いたりできる。

・〈動詞（call, make など）＋A＋B〉を理解し，〈動詞（call, make など）＋A＋B〉を使って伝え合ったり，話したり，書いたりできる。

〔思考力，判断力，表現力等〕

・コラムやウェブサイト等の記事を読んで，内容を読み取ることができる。

・行ってみたい国について事実や自分の考え，気持ちなどを整理し，まとまりのある文章を書くことができる。

「学びに向かう力，人間性等」

・コラムやウェブサイト等の記事を読んで，内容を読み取ろうとする。

・行ってみたい国について事実や自分の考え，気持ちなどを整理し，まとまりのある文章を書こうとする。

3 単元の評価規準

「知識・技能」

・〈動詞（give など）＋A＋B〉の特徴やきまりに関する事項を理解し，〈動詞（give など）＋A＋B〉などを活用して，写真に写っているものなどについて書かれた英文の内容を読み取る技能を身に付けている。（読むこと）

・〈動詞（call, make など）＋A＋B〉の特徴やきまりに関する事項を理解し，〈動詞（call, make など）＋A＋B〉などを活用して，写真に写っているものなどについて書かれた英文

の内容を読み取る技能を身に付けている。（読むこと）

「思考・判断・表現」

・コラムやウェブサイト等の記事を読んで，要点を捉えている。（読むこと）

・行ってみたい国について事実や自分の考え，気持ちなどを整理し，簡単な語句や文を用いて まとまりのある文章を書いている。（書くこと）

「主体的に学習に取り組む態度」

・コラムやウェブサイト等の記事を読んで，要点を捉えようとしている。（読むこと）

・行ってみたい国について事実や自分の考え，気持ちなどを整理し，簡単な語句や文を用いて まとまりのある文章を書こうとしている。（書くこと）

4 単元の指導計画（全9時間）

時	主な学習活動	評価規準と評価方法
1	課題　単元の目標を達成するためにどんな工夫をすればよい だろう。 1　単元の導入 (1)単元の表紙に載っている質問① "What do you see in this picture?" についてやり取りの後，オーラルイントロダク ションを行う。 (2)オーストラリアについての資料映像を見てオーストラリア についての理解を深める。 (3)単元の表紙に載っている質問② "Which country do you want to visit?" についてグループで話し合う。 2　単元の目標確認 　プログレスカード（資料1）を配付し，単元の目標を確認す る。目標を達成するためにどんな工夫をしてみたいか考え，話 し合う。 3　本時のまとめ 　話し合った結果をタブレットで紹介する。	「主体的に学習に取り組む態度」 コラムやウェブサイト等の記事 を読んで，要点を捉えようとし ている。 プログレスカード 「2　目標を達成するためにど んな工夫をしてみたいですか。」 の記述内容で評価する。 （p.67❶参照）
2	課題　日本とオーストラリアの違いはどんなところだろう。 （あいさつや帯活動については省略） 1　新出文法事項の導入及び練習 　SVOO（主語＋動詞＋間接目的語＋直接目的語）について SVO＋to（for）の文と対比しながら口頭導入を行い，説明し	

第1学年

第2学年

第3学年

	た後に練習を行う。 　この文構造で用いられる動詞（give, show, make, teach など）を確認し，後半の学習課題に応用できるようにしておく。 2　Part 1 の本文の内容理解 　聞くことや Q&A を通して対話文の内容理解を行う。 3　表現等の確認 　表現や語句などの確認を行う。 4　教科書本文の音読及び対話練習 5　日本とオーストラリアの違いについてグループで話し合い， 　タブレットで全体共有する 6　まとめ 7　振り返り　プログレスカードに記入する。	
3	課題　観光ガイドのコラムを読み，要点を捉えよう。 1　新出文法事項の復習 2　Read 　〈動詞（give など）＋ A ＋ B〉の文を用いた観光ガイドのコラムを読み，ペアやグループで問いの答えを考える。 3　内容確認と問いの答えを確認する 4　まとめ 5　振り返り　プログレスカードに記入する。	
4	課題　なぜ Uluru には2つの名前があるのだろう。 1　新出文法事項の導入及び練習 　SVOC（主語＋動詞＋目的語＋補語）について絵や写真を用いながら口頭導入を行い，説明した後に練習を行う。 　この文構造で用いられる動詞（call, make, name など）を確認し，後半の学習課題に応用できるようにしておく。また，call ／ make ＋ A ＋ B の A と B の関係「A は B（の状態）である」ということに注目させる。 2　Part 2 の本文の内容理解 　聞くことや Q&A を通して対話文の内容理解を行う。 3　表現等の確認 　表現や語句などの確認を行う。	

4 教科書本文の音読及び対話練習 5 なぜ Uluru には２つの名前があるのか背景にある先住民とイギリスとの関係についてグループで話し合い，タブレットで全体共有する 6 まとめ 7 振り返り プログレスカードに記入する。	
課題 観光ガイドのコラムを読み，要点を捉えよう。 5 1 新出文法事項の復習 2 Read 〈動詞（call, make など）＋A＋B〉の文を用いた観光ガイドのコラムを読み，ペアやグループで問いの答えを考える。 3 内容確認と問いの答えを確認する 4 まとめ 5 振り返り プログレスカードに記入する。	
課題 観光ガイドのコラムを読み，要点を捉えよう。① 6 1 プレ活動 オーストラリアやウルルについて知っていることをペアやグループで考え，タブレットで全体共有する。 2 表現等の確認 表現や語句などの確認を行う。 3 教科書本文を読み，要点を捉える（グループ） 要点を捉えるワークシートの問いに答える。 （資料２） 4 まとめ 5 振り返り プログレスカードに記入する。	「主体的に学習に取り組む態度」 コラムやウェブサイト等の記事を読んで，要点を捉えようとしている。 プログレスカード 「5 毎時間の振り返り」の記述内容及びワークシート（資料２）で評価する。（p.68❷参照）
課題 コラムの要点を捉えよう。② 7 1 前時の復習 2 教科書に出てくる Uluru のテキストと同様の長さ・内容の記事を読み，その要点を捉える問いに答える活動を行う（資料３） 3 まとめ	「主体的に学習に取り組む態度」 コラムやウェブサイト等の記事を読んで，要点を捉えようとしている。 ワークシート（資料３） プログレスカード 必要に応じて「6 単元を通し

第１学年

第２学年

第３学年

	4　振り返り　プログレスカードに記入する。	ての振り返り」の記述内容を加味して評価する。(p.68❸参照)
8	課題　行ってみたい国についてエッセイを書こう。 　海外の航空会社がエッセイコンテストを開催しており，コンテストに応募するために，行ってみたい国を1つ選んでエッセイを書く。 1　導入 　活動の目的や場面，状況などを確認する。 2　グループでエッセイの内容を考える 3　グループで考えを整理する 4　文章を書く 5　まとめ 6　振り返り　プログレスカードに記入する。	
9	課題　あなたが行ってみたい国についてエッセイを書こう。 1　前時の復習 2　個人でエッセイの内容を考える 3　個人で考えを整理する 4　文章を書く 5　まとめ 6　振り返り　プログレスカードに記入する。	

5　指導と評価の実際

❶　第1時

　プログレスカードを配付し，この単元のゴールを確認する。課題や具体的な評価方法を示し，その上で，目標を達成するためにどんな工夫をしてみたいか考えをまとめ，意見交換をする。意見交換の後，工夫点に改善を加える。プログレスカードは回収し，教師がアドバイスなどを加える。「読むこと」の「主体的に学習に取り組む態度」を評価する。第2時以降，振り返りでプログレスカードを記入させ，タブレットで提出させる。アドバイスを加え，返却する。

❷　第2時

　日本とオーストラリアの違いについて，教科書本文及びデジタル教科書の資料映像を見てグループで話し合い，全体で確認する。

❸ 第3時

〈動詞（give など）＋ A ＋ B〉の文を用いた観光ガイドのコラムを読み，ペアやグループで問いの答えを考える。

❹ 第4時

なぜ Uluru には2つの名前があるのか背景にある先住民とイギリスとの関係について教科書等の資料映像を見て，グループで話し合い，タブレットで全体共有する。

❺ 第5時

〈動詞（call, make など）＋ A ＋ B〉の文を用いた観光ガイドのコラムを読み，ペアやグループで問いの答えを考える。

❻ 第6時

教科書本文を読み，グループで協力しながら要点を捉える。教科書の問いに答える。ポイントを絞って繰り返し読ませる。「読むこと」の「主体的に学習に取り組む態度」を評価する。

❼ 第7時

教科書に出てくる Uluru のテキストと同様の長さ・内容の記事を読み，その要点を捉える問いに答える活動を行う。「読むこと」の「主体的に学習に取り組む態度」を評価する。

❽ 第8時

行ってみたい国をグループで1つ選んでエッセイを書く。グループで内容や考えを整理してから，個人で文章を書く。

❾ 第9時

行ってみたい国を個人で1つ選んでエッセイを書く。個人で内容や考えを整理してから，文章を書く。

6 「主体的に学習に取り組む態度」の指導と評価のポイント

❶ 単元の目標を示し，目標を達成するためにどんな工夫をしてみたいか書かせる。

このとき，具体的なゴールイメージを持たせるために，どんな活動で，どのように評価するかを示す。

●評価の基準

a	目標を達成するための工夫が具体的に書かれている。
b	目標を達成するための工夫が書かれている。
c	bに達していない。

❷ 課題のフィードバックや毎時間の振り返りでアドバイスを行う。

　学習の中でわかったことやできたこと，できなかったことや疑問点などを書かせる。できなかったことや疑問点については返答やアドバイスなどを適宜行うことで，生徒に気付きを与え，自己調整力を養う。

●評価の基準

a	教師や周囲のアドバイス等を参考に，自ら課題を具体的に修正し，その成果がパフォーマンスに表れている。
b	教師や周囲のアドバイス等を基に改善点を修正し，それがパフォーマンスにある程度表れている。
c	bに達していない。

❸ パフォーマンス課題の結果を基にしながら，単元末にプログレスカードの単元を通しての振り返りで評価する。

　生徒の自己評価や指導に生かすための記録に残さない形成的評価も加味しながら，この単元でわからなかった点について，わかるようになるための工夫や方法を考えさせ，その記述内容を評価に加味する。

●プログレスカード6の評価の基準

a	わからなかった点について，わかるようになるための工夫や方法が具体的に書かれている。
b	わからなかった点について，わかるようになるための工夫や方法が書かれている。
c	bに達していない。

●評価の基準

a	パフォーマンス評価（資料3）がaである。
b	パフォーマンス評価（資料3）がbである。または，課題解決に向けて改善を加えながら粘り強く取り組んでいた。
c	bに達していない。

【資料1　プログレスカード】

Progress Report Card

| 年　組　番　氏名 | |

教科名：**英語**

単元名：Lesson 4　Uluru

1　単元の目標（ゴール）

①観光地のコラム記事を読んで，内容を読み取ることができる。
②行ってみたい国についてエッセイを書くことができる。

2　目標を達成するためにどんな工夫をしてみたいですか。

①
②

3　身に付ける知識・技能

	自己評価の場面	自己評価（A・B・C）
動詞（give など）＋A＋Bの特徴やきまりを理解し，活用できる技能を身に付けている。	定期テスト	
動詞（call, make など）＋A＋Bの特徴やきまりを理解し，活用できる技能を身に付けている。	定期テスト	

4　身に付ける思考・判断・表現

	自己評価の場面	自己評価（A・B・C）
コラムやウェブサイト等の記事を読んで，内容を読み取ることができる。	パフォーマンス課題	
行ってみたい国について事実や自分の考え，気持ちなどを整理し，まとまりのある文章を書くことができる。	パフォーマンス課題	

5　毎時間の振り返り

月日	学習したこと，わかったこと，できたこと，できなかったこと，疑問点など
／	
／	

／	
／	
／	
／	
／	
／	
／	

6　単元を通しての振り返り

(1)　この単元でわからなかった点について，わかるようになるための工夫や方法を考えてみよう。

(2)　今の学習方法で修正する部分があればどんなところだろう。

(3)　この単元を学習して，興味を持ったり，さらに探求（追究）してみたいことがあったら書きましょう。また，この単元の学習内容が，自分たちが住む社会や仕事等の支えとなったり，役に立ったりすることがあれば，書いてみよう。

興味を持ったことやさらに探求（追究）してみたいこと	社会や仕事との関連

【資料2　ワークシート】

Class2-　　　No.　Name

【練習】次の観光地のガイドブックに書かれたコラムを読んであとの問1～問3の質問に答えなさい。

Uluru is a famous place in Australia. It looks like a mountain, but it is actually a very big rock. During the day, its color is brown. However, at sunrise and sunset, it looks red. Uluru is part of a national park. The park attracts many tourists and is now a UNESCO World Heritage Site.

To the native people, the Anangu, the rock is a sacred place. It is the place of their ancestors. They started living in the area around the rock over 40,000 years ago. The Anangu have a traditional law to protect the sacred sites. They deeply respect the rock itself and everything around it.

The Anangu welcome you to Uluru. They will teach you their history. They will show you their art. They will also share their culture and society with you. Please consider their traditions before you act. Do not take rocks as souvenirs. Do not take pictures of the sacred places. Instead, you can walk around Uluru. You can watch the sunrise and sunset on Uluru.

Your consideration will make the Anangu happy. and make your stay in the park better. (187 words)

【問1】上のコラムにどのようなタイトルをつけますか。下から1つ選びその番号を書きなさい。
※概要を捉えることを評価する問題

1）Uluru, an Excited Place
2）Uluru, a Sacred Place
3）Uluru, a Traditional Place
4）Uluru, a Surprised Place

【問2】コラムの概要をまとめた下の表のA～Cに入る語を1つずつ書きなさい。（A～C完答）
※概要を捉えることを評価する問題

A famous place in Australia	A（　　　　　）
The native people around Uluru	B（　　　　　）
Prohibited matters in Uluru	C　Taking（　　　　　）（　　　　　），Taking（　　　　　）of the sacred place

※ Prohibited matters 禁止事項

【問3】コラムの内容に合っている文を2つ選び，記号で答えなさい。（完答）
※要点を捉えることを評価する問題

ア The Anangu have a traditional law to protect the sacred place.
イ The Anangu can take pictures of the sacred places.
ウ Visitors can walk around Uluru.
エ Visitors cannot watch the sunrise and sunset om Uluru.

【評価基準】「読むこと」思考・判断・表現

3問正解	a
1～2問正解	b
3問とも不正解	c

【資料3　ワークシート】

Class2-　　　No.　Name

Task2　次の観光地のガイドブックに書かれたコラムを読んであとの問1～問3の質問に答えなさい。

If you are planning to see only one attraction in Peru, South America, this is the place to come. Machu Picchu was the center of the Inca Empire in the 15th century. It is one of the most impressive ruined cities in the world.

At that time, the capital of the Inca Empire was Cusco, located at an altitude of 3,400 m. The capital was about 1,000 meters higher than Machu Picchu at an altitude of 2,430 m.

The ruins attracts many tourists and is now a UNESCO World Heritage Site.

The Inca Empire was destroyed by the Spanish in 1533.

The Andean civilization doesn't have letters, so why the ruins of Machu Picchu were created, and the relationship with the capital Cusco, is not yet clear. There are many mysterious things here. (133 words)

※ attraction アトラクション　South America 南アメリカ　Machu Picchu マチュピチュ　the Inca Empire インカ帝国　the most impressive ruined cities 最も印象的な魔境の街　located 位置している　Cusco クスコ　altitude 標高　higher than より高い　leading cities 有数の年　urban area 市街地 was destroyed by 滅ぼされた　the Andean civilization アンデス文明　ruins 遺跡 were created 作られた　relationship 関係　mysterious 謎の

【問1】上のコラムにどのようなタイトルをつけますか。下から1つ選びその番号を書きなさい。
※概要を捉えることを評価する問題

1）Machu Picchu, a Famous Ruin
2）Machu Picchu, an Interesting Ruin
3）Machu Picchu, a Beautiful Ruin
4）Machu Picchu, a Mysterious Ruin

【問2】コラムの概要をまとめた下の表のA～Cに入る語を1つずつ書きなさい。（A～C完答）
※概要を捉えることを評価する問題

A famous sight in Cusco	A（　　　　　）
Altitude of Machu Picchu	B（　　　　　）
Year of destruction	C（　　　　　）

※ destruction 滅亡

【問3】コラムの内容に合っている文を2つ選び，記号で答えなさい。（完答）
※概要を捉えることを評価する問題

ア The capital of the Inca Empire was Machu Picchu.
イ Many people live in Machu Picchu.
ウ The People in Machu Picchu could not write letters
エ We don't know many mysterious things about Machu Picchu.

【評価基準】「読むこと」思考・判断・表現

3問正解	a
1～2問正解	b
3問とも不正解	c

（佐々木　忠洋）

7 将来の生き方について，自分の考えやその理由を伝え合おう！

関連教材：*ONE WORLD English Course 2*, Lesson 6, "Castles and Canyons"

1 単元（授業）の概要

　単元の終末では，「『将来住むなら広島か，東京か』をテーマに自分の考えを整理し，意見を伝え合おう。」という目標を設定し，今自分たちが生活している場所やその環境について振り返り，他の場所を比べることで今後の生き方について自分の考えを伝え合う活動を行う。相手との対話を通して「挙げられた話題に関して自分の考えを伝えたり，相手の考えを聞いて付け加えたりする」［やり取り］の場面を設定し，より即興的で双方向のコミュニケーションの場を作り，生徒が相手の話を聞き，問答したり，考えを述べ合ったりする力を付けることを目指す。

2 単元の指導目標

〔知識及び技能〕

・形容詞を用いた比較表現の特徴やきまりを理解し，比較表現を用いて伝え合うことができる。

〔思考力，判断力，表現力等〕

・テーマに関する自分の考えを整理し，根拠とともに自分の意見を言うことができる。

・相手が提示する話題に合わせて，自分の考えを補足して説明することができる。

「学びに向かう力，人間性等」

・やり取りにおいて，テーマに基づき根拠とともに自分の意見を言おうとする。

・やり取りにおいて，相手が提示する話題に合わせて，自分の考えに補足して説明しようとする。

3 単元の評価規準

「知識・技能」

・比較表現の特徴やきまりの理解を基に，日常的な話題について話したり，伝え合ったりする技能を身に付けている。（話すこと［やり取り］）

「思考・判断・表現」

・テーマに関する自分の考えを整理し，根拠とともに自分の意見を言っている。

（話すこと［発表］）

・相手が提示する話題に合わせて，自分の考えを補足して説明している。

（話すこと［やり取り］）

「主体的に学習に取り組む態度」

・やり取りにおいて，テーマに基づき根拠とともに自分の意見を言おうとしている。

（話すこと［発表］）

・やり取りにおいて，相手が提示する話題に合わせて，自分の意見に補足して説明しようとしている。（話すこと［やり取り］）

4　単元の指導計画（全7時間）

時	主な学習活動	評価規準と評価方法
1	課題　広島の特色（特産品など）について説明しよう。 （あいさつや帯活動については省略） 1　単元の導入 2　新出文法事項の導入（ゲーム） 　比較表現についての口頭導入として，簡単に説明した後に Hot Potato Game（制限時間内に英文を1つ言ってペンを回すゲーム）を行い，比較表現を用いて考えた英文を言い合う。 3　Part 1の本文の内容理解 　やり取りや Q&A を通して対話文の内容理解を行う。チャットのやり取りに役立つ表現を知る。 4　アイデアの共有 　「広島の特色（特産品など）」について考えを共有する。 5　チャット 　「広島の特色（特産品など）」をテーマとしたチャット（ロールプレイ）を行う。聞き手の役割を知るために，教師のモデルチャットを見てから行う。チャットは各自のタブレットで録音する。 6　本時のまとめ 　まとめの後，振り返りシート（資料1）に記入	「主体的に学習に取り組む態度」 振り返りシートに自分の考えを書き，学習を調整しようとしている。
2	課題　広島の特色（観光地，文化など）について事実や自分の考えを伝えよう。 1　前時の復習 　教科書の Tool Kit を行い，前時の内容を振り返る。 2　教科書本文の音読 　教科書の内容を繰り返し音読し，やり取りに必要な表現に慣れる。 　(1) Japanese and English reading 　(2) One word reading 　(3) Slash reading 　(4) One sentence reading 　(5) Gesture and reading 3　アイデアの共有 　「広島の特色（観光地，文化など）」について考えを共有する。 4　チャット 　「広島の特色（観光地，文化など）」をテーマとしたチャット	

	（ロールプレイ）を行う。各自がタブレットで録音し，前回のやり取りと比べる。 5　本時のまとめ 　まとめの後，振り返りシート（資料1）に記入する。	「主体的に学習に取り組む態度」 振り返りシートに自分の考えを書き，学習を調整しようとしている。
3	課題　広島の住環境について事実や自分の考えを伝え合おう。 1　新出文法事項の導入（ゲーム） 　口頭導入として，Hot Potato Game を行い，比較表現を用いて考えた英文を言い合う。 2　Part 2の本文の内容理解 　やり取りやQ&Aを通して対話文の内容理解を行う。チャットのやり取りに役立つ表現を知る。 3　アイデアの共有 　「広島の住環境」について考えを共有する。 4　チャット 　「広島の住環境」をテーマとしたチャットを行う。広島で生活することについてどう思うか，自分の意見を理由とともに伝え合う。 5　本時のまとめ	
4	課題　相手の話題に合わせて，自分の考えを伝え合おう。 1　前時の復習 　教科書の Tool Kit を行い，前時の内容を振り返る。 2　教科書本文の音読 　教科書の内容を繰り返し音読し，やり取りに必要な表現に慣れる。 　(1) Japanese and English reading 　(2) One word reading 　(3) Slash reading 　(4) One sentence reading 3　チャット 　「将来は広島で暮らしたい」をテーマとしたチャットを行う。 4　アイデアの共有 　やり取りに必要な「相手が提示する話題に合わせる」やり取りの仕方を共有する。特に，比較の表現に着目する。 5　チャット 　ペアを変えて，もう一度「将来は広島で暮らしたい」をテーマとしたチャットを行う。 6　本時のまとめ 　ワークシート（資料2）にお互いのやり取りを書き起こした後，ワークシートの続きを記入する。最後に，まとめを行う。	「主体的に学習に取り組む態度」 ワークシートに自分の考えを書き，学習を調整しようとしている。
5	課題　共通点や相違点を挙げながら，自分の考えを伝え合おう。 1　新出文法事項の導入（ゲーム） 　口頭導入として，Hot Potato Game を行い，比較表現を用いて	

考えた英文を言い合う。

2　Part 3 の本文の内容理解

　やり取りや Q&A を通して対話文の内容理解を行う。チャットのやり取りに役立つ表現を知る。

3　アイデアの共有

　「広島と共通点を持つ都道府県」について考えを共有する。

4　チャット

　「広島と共通点を持つ都道府県，将来暮らすならどっち？」をテーマとしたチャットを行う。共通点だけでなく，相違点や比較表現を用いてその理由などを説明する。

5　本時のまとめ

6

課題　将来の生き方について，自分の考えを伝え合おう。

1　前時の復習

　教科書の Tool Kit を行い，前時の内容を振り返る。

2　教科書本文の音読

　教科書の内容を繰り返し音読し，やり取りに必要な表現に慣れる。

　⑴ Japanese and English reading

　⑵ One word reading

　⑶ Slash reading

　⑷ One sentence reading

3　チャット

　「将来住むなら広島か，東京か」をテーマとしたチャットを行う。

4　アイデアの共有

　将来の生活について考えるには，どのような点について話し合えばよいか，考え共有する。また，比較の表現の使い方にも触れる。

5　チャット

　ペアを変えて，もう一度「将来住むなら広島か，東京か」をテーマとしたチャットを行う。

6　本時のまとめ

7

課題　将来の生き方について，相手の話題に合わせて自分の考えを伝え合おう。

1　テストの説明

　どの順番と流れでパフォーマンステストをするか説明する。

2　パフォーマンステスト

　二人ずつ廊下に行き，「将来住むなら広島か，東京か」をテーマとしたやり取りを行う（待機中は指定された課題に取り組む）。

3　単元のまとめ

　単元を通して学んだことについて振り返る。

第1学年

第2学年

第3学年

5 指導と評価の実際

❶ 第1時

　本文の内容を参考に，そのうちの重要表現を用いてペアで活動を行う。比較級（-er）や最上級（-est）を用いた例文を，さまざまな表現に言い換えるゲームを行う。次に，特産品など広島の特色について思い浮かぶことを全体で共有し，本文の内容を参考にしながらロールプレイ型のチャットを行う。ペアのうち聞き手の方が，『広島について何も知らないアメリカ人』のふりをして話を聞き，話し手の紹介するものについて質問をする。話し手は，紹介する特色について質問に沿って説明し，そのやり取りをタブレットで録音する（できるだけ他のものと比べながら説明するよう促す）。その後，録音を基に自分自身の学習状況を振り返り，今後自分にとって必要な改善点について考える時間を取る。

❷ 第2時

　Part 1 本文の音読活動によって既習の表現に触れた後，「広島の特色（観光地，文化など）」について第1時同様，ロールプレイ型のチャットを行う。第1時で用いたワークシートに再度記入し，前時と比べた改善点について振り返る。振り返りシートを回収し，「主体的に学習に取り組む態度」を評価する。

❸ 第3時

　新しい比較の表現について導入し練習した後，Part 2 の本文で扱われる表現について触れる。後半で，「広島の住環境」について情報を共有し，それについてのチャットを行う。評価は行わない。

❹ 第4時

　Part 2 本文の音読活動によって既習の表現に触れた後，「将来は広島で暮らしたい」についてチャットを行う。「相手が提示する話題に合わせて」という点が達成できるよう，1回目のチャットの後で「話題の合わせ方」についての考えを共有し，2回目のチャットを行う。新たなワークシートに記入し，前時と比べた改善点について振り返る。ワークシートを回収し，「主体的に学習に取り組む態度」を評価する。

❺ 第5時

　新しい比較の表現について導入し練習した後，「広島と共通点を持つ都道府県」について考えを共有し，チャットを行う。評価は行わない。

❻ 第6時

Part 3本文の音読活動によって既習の表現に触れた後，「将来住むなら広島か，東京か」を
テーマとしたチャットを行う。1回目のチャットの後で，やり取りを活発にするためのアイデ
アを共有した後，2回目のチャットを行う。評価は行わない。

❼ 第7時

単元のまとめとして，単元末の課題を行わせる。

6 「主体的に学習に取り組む態度」の指導と評価のポイント

❶ チャットについて振り返り，次回に向けて課題を解決できるように自己調整を行い，再度パフォーマンスを行う。

まず，第1時にはタブレットに録音した自分のパフォーマンスを聞かせ，振り返りシート
（資料1）に記述させる。そのシートを第2時でも使用し，1回目と2回目のチャットで自ら
調整したところなどを「主体的に学習に取り組む態度」で評価する。これによって，「やり取
りにおいて，テーマに基づき根拠とともに自分の意見を言おうとする」態度の育成を図る。

●評価の基準

a	第1時における振り返りの結果，自己調整を行い，その成果が次のパフォーマンスに表れている。
b	第1時における振り返りの結果，自己調整を行い，次のパフォーマンスに臨んでいる。
c	bに達していない。

❷ 英作文について振り返り，次回に向けて修正すべき点について考える。

次に，第4時で行ったチャットを思い出し，その文章を書き起こす。その内容を基に，修正
すべきであった点について考えたことをワークシート（資料2）に記述させ，それを「主体的
に学習に取り組む態度」で評価する。これによって，「やり取りにおいて，相手が提示する話
題に合わせて，自分の考えに補足して説明しようとする」態度の育成を図る。

●評価の基準

a	振り返りの結果，うまくできた点や修正すべき点がチャットの中の具体的な箇所について書かれている。
b	振り返りの結果，うまくできた点や修正すべき点が書かれている。
c	bに達していない。

第1学年

第2学年

第3学年

Sheet for Reflection

Class （　　） No. （　　） Name （　　　　　　　　　　　　）

☆授業を振り返り，次の目標について考えよう！

1. （　／　）の授業中のチャットについて，学習状況を振り返ろう。

  a. やり取りの中で，意識して取り組めたこと（自分の意見，理由，根拠など）

  b. やり取りの中で，うまくできなかったこと（自分の意見，理由，根拠など）

  c. やり取りの中で，相手に聞きたかったことや言いたかったこと

  d. 今後のやり取りの中で，特に意識して取り組みたいこと（b，cを踏まえて）

2. （　／　）の授業中のチャットについて，学習状況を振り返ろう。

  a. 前回の反省を踏まえ，改善できたこと

  b. 今後に向けてさらに意識して取り組みたいこと

【資料2　ワークシート（第4時）】

Sheet for Reflection ②

Class （　　） No. （　　） Name （　　　　　　　　　　　　　　　　）

☆授業を振り返り，次の目標について考えよう！

1．ペアで行ったチャットを思い出し，英語で書き起こそう（わからない語はカタカナも可）。

2．どの程度相手の話題に合わせたやり取りができたか答えよう。

（自己評価　　A　・　B　・　C　）

→　相手の話題に合わせられたと思う箇所はどこか，日本語で説明しよう。

→　どの話題に合わせればよかったのか，思いつくことを日本語で説明しよう。

（筆谷　聡史）

第1学年

第2学年

第3学年

8 Let's talk about "This is me in 2030!"
―2030年の自分の未来像を話そう！―

関連教材：*SUNSHINE ENGLISH COURSE 2*, Our Project 5, 「こんな人に
なりたい」

1 単元（授業）の概要

　本単元では，「こんな人になりたい」をテーマに，なりたい人物（生き方に憧れる人）を選
び調べて，ポスターを作成し，ポスターセッションを行う活動を設定している。しかし，生徒
の発話量をより多く確保したいと考え，一人一人が『自分の未来像』について発表する活動を
設定する。SDGs の到達目標と示されている2030年を意識し，単に自己紹介のようになるので
はなく，生徒がより興味・関心を持って取り組めるようにと Instagram（写真や動画をメイン
に投稿できる SNS サービスのことで，世界中で８億人以上が利用している）の形式に似せ，
自分のことを示すキーワードをハッシュタグ（＃：SNS 上で使用する記号）を用いて示し，
将来の姿や夢，手に入れたいものや憧れの姿などを伝え合う活動を行う。「話すこと［発表］」
を主とした活動ではあるが，一度の発表ではなく，発表を複数回行ったり，友達とのやり取り
を繰り返したりする。発表がやり取りへ，やり取りが発表へと交互に繰り返すことで，伝えた
いことを整理し，自分の未来像や考えを確立させることを目標としたい。また，単元の中途段
階での指導，中間指導を充実させて，生徒が自らの変容を自覚し，話すことの内容が改善した
ことを実感できるようにしたい。そして，この発表を通して，自信を持って自己表現すること，
友達の話や夢を聞き，互いに未来の姿を即興的に話すことができる力を身に付けることを目指
す。また，発表した内容ややり取りしたことを振り返り，うまく伝えられなかったことやどの
ように英語で表現すればよかったかなどを生徒自身で振り返る活動（Reflection）を取り入れ，
学びをより深いものにするための場を設定する。

2 単元の指導目標

〔知識及び技能〕

・比較表現，疑問詞 to 不定詞，受け身の文の特徴やきまりを理解することができる。

・日常的な話題（自分の未来像）について，自分の考えや思い，その理由などを整理し，比較
　表現，疑問詞 to 不定詞，受け身などを用いて発表したり，相手からの質問に答えたりする
　ことができる。

〔思考力，判断力，表現力等〕

・「自分の未来像」を伝えるために，キーワードを頼りにしながら，自分の考えや気持ち，伝
　えたいことを整理し，簡単な語句や文を用いて発表している。

「学びに向かう力，人間性等」

・「自分の未来像」を伝えるために，キーワードを頼りにしながら，自分の考えや気持ち，伝えたいことを整理し，簡単な語句や文を用いて発表しようとする。

3 単元の評価規準

「知識・技能」

・比較表現，疑問詞 to 不定詞，受け身の文の特徴やきまりを理解している。

(話すこと［発表］)

・日常的な話題（自分の未来像）について，自分の考えや思い，その理由などを整理し，比較表現，疑問詞 to 不定詞，受け身などを用いて発表したり，相手からの質問に答えたりする技能を身に付けている。(話すこと［発表］)

「思考・判断・表現」

・「自分の未来像」を伝えるために，キーワードを頼りにしながら，自分の考えや気持ち，伝えたいことを整理し，簡単な語句や文を用いて発表している。(話すこと［発表］)

「主体的に学習に取り組む態度」

・「自分の未来像」を伝えるために，キーワードを頼りにしながら，自分の考えや気持ち，伝えたいことを整理し，簡単な語句や文を用いて発表しようとしている。(話すこと［発表］)

4 単元の指導計画（全6時間）

時	主な学習活動	評価規準と評価方法
1	課題　モデルのポスターを読もう。 1　スモールトーク （単元を通して「憧れの人物」「夢」「将来の姿」についての内容を取り扱う。） 2　本単元の学習到達目標を理解する 3　教科書のモデルのポスターを読み内容を理解する 4　教科書にある「この人はすごい」と思う人物についてのエピソードをペアで紹介し合う 5　本時のまとめ・振り返りをする	「知識・技能」 ワークシート・観察 比較表現，疑問詞 to 不定詞，受け身の文の特徴やきまりを理解しているかを評価する。
2	課題　自分の未来の姿を想像しよう。 1　スモールトーク 2　"This Is Me" の洋楽を聞きながら，英語学習への雰囲気をつくり，教師のモデルを聞き，発表のゴールを示す（資料1） 3　先生や ALT のモデルのキーワードについて質問を考え，やり取りをする	「知識・技能」 観察 自分の考えや思い，その理由などを整理し，比較表現，疑問詞 to 不定詞，受け身などを用いて発表したり，相手からの質問に答えたりする技能を身に付けているかを評価する。

	4 「自分の未来像」を思い描き，関連するキーワードを書く（資料2） 5 グループでキーワードの共有をする 　キーワードに関連することを質問し合う。 6 本時のまとめ・振り返りをする	
3	課題　未来のインスタグラムを完成させよう。 1 スモールトーク 2 自分を表すイラスト，関連するものを描く 3 前時に考えた発表のキーワードとなる語を整理し書く 4 ペアでキーワードに関することを質問し合う 5 ALT と質問の仕方を確認する 6 本時のまとめ・振り返りをする	
4	課題　「自分の未来像」を話そう。 1 スモールトーク 2 グループで発表し合う ①「自分の未来像」を発表する。（Student B） ②内容について３人でやり取りする。（Student B / C / D） ③録画した発表を見る。（Student A が録画する） ④ Reflection（振り返り）を行う。（Student A / B / C / D） ⑤聞き手を変えながら，４回行う。（資料3） 配置　Student A がタブレットに録画もする | Student A Listener	Student B Speaker
---	---
Student C Speaker	Student D Speaker | 3 Reflection（振り返り）の内容を共有する 4 本時のまとめ・振り返りをする	「思考・判断・表現」 「主体的に学習に取り組む態度」 動画・観察 「自分の未来像」を伝えるために，キーワードを頼りにしながら，自分の考えや気持ち，伝えたいことを整理し，簡単な語句や文を用いて発表しているかを評価する。
5	課題　発表を振り返ろう。 1 スモールトーク 2 前時の発表を見直し，自分の発表を振り返る 3 グループでやり取りした内容や Reflection で出たことを基に，ハッシュタグを付け加えたり，発表の構成を検討したりする 4 グループで発表し合う（流れは前時と同様） 5 本時のまとめ・振り返りをする	「思考・判断・表現」 「主体的に学習に取り組む態度」 動画・観察 「自分の未来像」を伝えるために，キーワードを頼りにしながら，自分の考えや気持ち，伝えたいことを整理し，簡単な語句や文を用いて発表しているかを評価する。

6	課題　Let's enjoy talking about "This is me in 2030!" 1　本時の発表で目指す姿を確認する 　前時まででよかったVTRを共有しながら，話題の整理，相手意識などの視点を確認する。 2　第4，5時の手順で話すこと［発表］をする。本時は発表後のやり取りやReflectionは行わないことを確認する（資料4） 3　互いの発表を称賛し，ペアでワークシートに発表の内容や励ましの言葉を英語で書く 4　タブレット端末で録画した発表を提出する 5　単元のまとめ・振り返りをする	「思考・判断・表現」 「主体的に学習に取り組む態度」 動画・観察 「自分の未来像」を伝えるために，キーワードを頼りにしながら，自分の考えや気持ち，伝えたいことを整理し，簡単な語句や文を用いて発表しているかを評価する。

5　指導と評価の実際

❶　第1時

　本単元では，毎時間のスモールトークで，「憧れの人物」「夢」「将来の姿」に関することを取り扱う。本時は，生徒とのやり取りの中で，"What do you want to do in your future?" や "What is the goal of 2030?" など問いかけ，生徒の発話を引き出し，本単元のガイダンスにつながるようにする。本時のみ教科書の内容を扱い，Thomas Alva Edison のポスターを読み，内容を把握し，前時までに学習している比較表現，疑問詞 to 不定詞，受け身の文の特徴やきまりを復習する。ワークシートの内容を理解し，話したり書いたりすることができるかを「知識・技能」で見取り評価する。また，本単元において，適切に比較表現，疑問詞 to 不定詞，受け身の文を意図的に取り入れることの必要性を伝える。I want to 〜. だけの表現に偏った発表にならないように話す。後半は，ペアで「この人はすごい」と思う人物についてのエピソードを紹介し合う。

❷　第2時

　本時のスモールトークでは，実際に2030年の自分になり Where do you live now? や What is your hobby? など話す。「夢は何か」と問われるとなかなか話せない生徒も多いため，どんな車に乗っていたいか，どこに住んでるだろうね，などを互いに聞き合うことで未来の姿をイメージしやすくする。また，関連する洋楽を聞きながら，教師の This is me. をパワーポイントで提示し，生徒とやり取りをする中で，どのように単元のゴールに迫るかを伝える。その後で，キーワードとなる英単語だけを見てどのような質問ができるかを考えさせる。（資料1）例えば，# running から Do you like running? / Are running marathons your hobby? Which marathon do you want to join? / Do you like watching Hakone Ekiden? など。後半は，自分

第1学年

第2学年

第3学年

の未来像を考えさせ，それに関連するキーワードを書いたり，ペアでやり取りし，キーワードを増やしたりする。

❸　第3時

　本時は，ワークシートを書き，完成させる。自分の未来の姿をイラストで描き，前時に考えたキーワードを整理して清書する。キーワードは20個程度準備する。（資料2）自分を表すキーワードはとてもたくさんのジャンルに渡るため，既習表現をフルに活用することが必要になる。そのために，本時の後半にもペアで互いのキーワードに関することを質問し合う時間を設ける。5W1Hを用いて英語で即興的に質問し合うことは，2学年の段階では難しいと感じる生徒も多いため，十分に机間指導を行うこととする。また，ALTと質問の仕方を確認する際はALT：If your friend wrote # movie, what questions can you ask? S1：Do you like watching movies? / S2：Are you a big movie star? / S3：Do you have a movie theater at your house? などを考えさせ，JTEは板書を行ったり補助的な動きをするだけにする。

❹　第4時

　1回目の発表をする。4人1グループとなり，ハッシュタグに書かれたキーワードを用いながら発表をする。まず，主な学習活動第4時に示した配置の通り，Student Bが自分の未来像を発表する。1分程度，キーワードだけで，発表をする。そして次に，Sutdent C / Dが質問をしながら，Student B / C / Dの3人で発表した内容やキーワードについて5分程度のやり取りをする。発表にあったことだけではなく，ハッシュタグで書かれている内容について質問をしてもよい。その間，Student Aは進行役を担い，タイムキーパーとなる。同時に，Student Bの発表とStudent B / C / Dのやり取りを発表者（Student B）のタブレットに録画する。その後のReflection（振り返り）の時間で，4人で録画したものを見ながら，発表ややり取りを称賛したり，改善点を話し合う。（資料3）また，うまく伝えられなかったことやどのように英語で表現すればよかったかなどを生徒自身で振り返る活動の必要性を話し，自分の発表の再構築に生かすよう話す。この活動をListenerを交代しながら，計4回行う。生徒の発表とやり取りの動画は，タブレット内のアプリケーションを通じて，教師のパソコンに提出させる。また，参考になる動画は全体のスクリーンで示し，全体で共有し，中間指導に活用する。

❺　第5時

　タブレットで前時の発表を再度見て，自分の発表を振り返る。2学年であるので，必要に応じて接続詞を使ったりしながら，ある程度の流暢さを求めたい。また，自己の振り返りだけではなく前時にグループでやり取りした内容やReflection（振り返り）で出たことを基に，さらにハッシュタグを付け加えたり，発表の構成を検討したりする。生徒は，発表のスクリプトを

書きたいと思うが，ここでも原稿は書かずに，後半は，グループを再編して発表とやり取りを行う。第4時と同様に録画，振り返りを行い，第6時に向けて準備をする。

❻ 第6時

Let's enjoy talking about "This is me in 2030!" として，発表を行う。始める前には，これまでの2時間の活動を踏まえて本時の発表で目指す姿を確認する。また，前時までででよかった動画を全体で共有しながら，発表会であるので話題の整理，相手意識などの視点を再確認する。発表は，第4，5時の手順で行うが，本時は発表後のやり取りや Reflection は行わないことを確認する。グループはこれまでの2回とは違った編成にする。4人の発表が終わったら，互いの発表を称賛し，ペアでそれぞれのワークシートの下の欄にコメントを書く。実際のインスタグラムのコメント欄に似せて，発表の内容や励ましの言葉を英語で書く。本時もタブレットで録画をした発表を提出させ，最後は，教師から単元を通しての振り返りを行い，生徒自身は過去3回の発表の姿を見返しながら，振り返りを書く。自分の発表の変容に気付き，自分が目指す姿に達しているかを考えさせる。本時は，実際に発表をしている様子の観察と単元を通しての振り返りの記述，動画を基に，記録に残す評価として「思考・判断・表現」と「主体的に学習に取り組む態度」を一体的に評価することとする。また，第7時として実際に教師を前にパフォーマンステストを行うことも可能である。

6 「主体的に学習に取り組む態度」の指導と評価のポイント

❶ コミュニケーションの「目的・場面・状況」を明確にした学習活動を設定する。

教科書の内容は第1時に取り扱ったが，本単元で取り扱うべくねらいをおさえた上で，インスタグラムの形式を用いて，自分の未来像を発表させる。英語の授業において，生徒が苦手としていることは，自分のことを表現することである。しかし，教師は生徒が自分のことを表現できる力を身に付けさせたい。ここをうまく実現させるための工夫を考えることが必要だと考え，自分の未来像を示すキーワードを書いてごらんと指示すると，嬉しそうにたくさんの単語を並べた。「○○字で自分のことを書いてみよう。」では引き出すことができないちょっとした工夫や仕掛けで生徒の主体性は，引き出せるのかもしれない。そして第2時に先生を表すハッシュタグ（キーワード）をパワーポイントで示し，話をするとよく聞いていた。教師が自己開示し，英語を使うモデルとなり，自分のことを素直に話すことは生徒にとって興味・関心を引くことである。（資料1）（資料5として同じ形式を用いて別課題を行ったものを示す。）

●評価の基準

a	相手意識を持ち，自分のことを知ってもらいたいと意欲的に活動している。
b	相手意識は十分に持つことができていないが，自分のことを伝えている。
c	bに達していない。

❷ 評価方法を工夫する。

　「話すこと［発表］」において「主体的に学習に取り組む態度」を見取るためには，「思考・判断・表現」と対の形で見取ることが重要である。そのためには，ある程度の時間，生徒の活動場面に立ち会い，発話を聞く必要がある。以前のように発表の番が2時間に一度しか回ってこないなどのことはなく，発話の機会も多く確保され，効率よく言語活動が行える手立てとなる。生徒がタブレットで発表の様子を録画し，端末内のアプリケーションソフトを経由し，瞬時に教師に提出ができる。タブレットで録画をして，動画を記録に残すことで，生徒の変容を見ることができ，教師が適切に中間指導を行うこともできる。

●評価の基準

a	振り返りや中間指導のフィードバックを次に生かし，意欲的に活動に取り組んでいる。
b	中間指導の内容を十分に踏まえることなく，活動に取り組んでいる。
c	bに達していない。

❸ 「再構築」する力を身に付ける。

　さらに，生徒がグループを変えながら何度も発表することを通して，自分の考えを整理し再構築する力，粘り強く学習に取り組む姿を見取ることができる。「話すこと［発表］」においても即興性が求められる中，3回発表することは多いと感じるかもしれない。しかし，2学年という学習時期においては必要であると考える。中学校終了段階に即興で発表する力を確実に身に付けさせるためにこのような活動を準備段階として設ける。また，「話すこと［発表］」においても生徒同士で「話すこと［やり取り］」を行うことで，考えを整理できたり，発表を再構築させ，よりよいものにつなげることができる。単元の始まりにゴールの姿と「話すこと［発表］」に関してのルーブリックを示したが，誰もがこのゴールを達成できる手立てを行うことは，適切に発表し，考えを再構築する力を身に付けさせ，「主体的に学習に取り組む態度」を見取ることにつながる。

●評価の基準

a	友達とのやり取りなどを踏まえ，よりよい発表になるよう再構築しながら意欲的に活動に取り組んでいる。
b	よりよい発表や表現を用いようと十分な再構築はできていないが，活動に取り組んでいる。
c	bに達していない。

【資料1　単元のガイダンスで示したもの】

○教師が自己開示し，本単元の活動を「おもしろそう，やってみたい」と思わせる工夫をする。教師が英語で自分のことを伝え，モデルを示し，生徒が主体的に学びに向かう姿勢を引き出す。

【資料2　ワークシート（Instagram）】

【資料3　ワークシート（Reflection）】

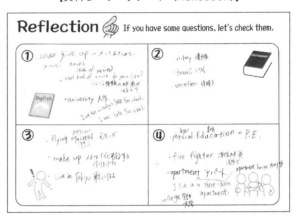

【資料5　別単元のワークシート】

【資料4　発表会の様子】

○本時と同じ形式で「話すこと［発表］」を行った別課題のワークシート

（安　絵里）

第1学年

第2学年

第3学年

9 ウィルソンさんに手紙の返事を書こう！

関連教材：*NEW HORIZON English Course 2*, Unit 4, "Homestay in the United States"／Let's Write,「2　ホームステイのお礼状」

1　単元（授業）の概要

　本単元では，中学生の海斗がアメリカでのホームステイでの経験を通して，習慣の違いについて気が付いたことや困ったときの対処法等を学ぶ。単元全体を通して「ホームステイするときに大切なこと」を考え，Unit の最後には，ホストファミリーへお礼の手紙を書いたり，日本にホームステイしに来るホストファミリーへ，日本での過ごし方についてアドバイスをしたりする。こうした目的や場面，状況の中での英語を使った手紙の形式や手紙を書く際に使う表現も実際に手紙を書くことで習得させる。

2　単元の指導目標

〔知識及び技能〕

・助動詞の文の特徴や用法を理解して，助動詞を使って伝え合ったり，書いたりできる。

〔思考力，判断力，表現力等〕

・ホームステイする際の困り感や不安感に対して，適切なアドバイスをすることができる。

・相手を意識して，手紙の返事を書くことができる。

「学びに向かう力，人間性等」

・相手はどんな困り感があるのか，何を伝えようとしているのかを捉えようとする。

・困り感のある相手にどのような表現でアドバイスを伝えたらよいか，表現を工夫しようとする。

・もらった相手がどう思うかを想像して，言葉遣いやアドバイス内容に気を付けて，手紙を書こうとする。

3　単元の評価規準

「知識・技能」

・have to, must, 動名詞を用いた文の形や意味，使い方を理解して，実際に英文を書く活動の中で適切に使うことができる。（書くこと）

・英語の手紙の書き方を理解している。（書くこと）

「思考・判断・表現」

・話し手にどのような困り感があるのか，要点を捉えることができる。（書くこと）

・初めて来日するウィルソンさんからの手紙を読んで，彼らが安心して過ごせるようにするた

め，日本の習慣やマナー等について，読んだ相手が理解しやすいように具体的なアドバイス等を示しながら，手紙の形式に沿って書くことができる。（書くこと）

「主体的に学習に取り組む態度」

・話し手にどのような困り感があるのか，要点を捉えようとしている。（書くこと）

・初めて来日するウィルソンさんからの手紙を読んで，彼らが安心して過ごせるようにするため，日本の習慣やマナー等について，読んだ相手が理解しやすいように具体的なアドバイス等を示しながら，手紙の形式に沿って書こうとしている。（書くこと）

4 単元の指導計画（全9時間）

時	主な学習活動	評価規準と評価方法
1	課題 ホームステイする海斗に向けてアドバイスをしよう。 1　単元の目標を立てる 　ホームステイの動画を視聴して，「ホームステイする際に大切なこと」について考え，もし，アメリカから日本に来てホームステイする人がいたらどんなアドバイスができるか想像する。 2　Preview 動画を視聴する 　明日からアメリカでホームステイする海斗についての動画を視聴して，わかったことをメモする。わかった内容を，ペアでやり取りしながら確認する。 3　海斗へのアドバイス 　メグのアドバイスに付け加えるなら，どんなアドバイスができるか考え，英語で書いてみる。書いたアドバイスをペアでシェアして，その後クラス全体でシェアする。 4　アドバイスをするときに便利な表現 　メグがアドバイスをするときにどのような英語表現を使っていたのか確認した後，自分が伝えたいことを正確に伝えるにはどうしたらよいか振り返り，場合によっては自分の言いたいことが伝わるように英文を書き直す。	「主体的に学習に取り組む態度」 ワークシートを回収して評価する。
2	課題 ホームページの情報サイトにあるアドバイスを読み取ろう。 1　アメリカの留学情報サイトを読んで要点を確認する 　読んでわかったことをワークシートにメモを取る。	

第1学年

第2学年

第3学年

	2 Scene 1 の動画を視聴して内容を確認する ペアで読み取れたことをやり取りしながら確認する。「〜しなければならない」等と指示されている箇所やアドバイスが書かれている部分を丁寧に読み取り，表現も確認する。 3 have to についての文法説明動画 「〜しなければならない」「〜しなくてよい」の表現を理解する。 4 内容理解 本文についての TorF や Q&A で，やり取りしながら確認する。また，生徒が自分で作った質問をワークシートに書き，友達に尋ねたり答えたりして内容理解を深める。 5 音読練習 Choral Reading, Buzz Reading, Pair Reading, サイトトランスレーションシートを用いて日本語を見て英文に直す。	
3	課題　ホームステイ先のルールを理解しよう。 1 ホームステイ先のルール アメリカでホームステイした際にどんなハウスルールがあるか想像して，ホストマザーになったつもりで言ってみる。 2 Scene 2 の動画を視聴する。 視聴してわかったことをメモする。 3 must, must not についての文法説明動画 「〜しなければならない」「〜してはならない」の表現を理解する。本文の中で「〜しなければならない」等と指示されている箇所やその理由が語られている部分に注目して表現も確認する。 4 内容理解 本文についての TorF や Q&A で，やり取りしながら内容を確認する。 5 Writing 「ハイキングの場面」でのルールとして，「〜しなければならないこと」「〜してはならないこと」をワークシートに書く。 6 音読練習 Choral Reading, Buzz Reading, Pair Reading, サイトトランスレーションシートを用いて日本語を見て英文に直す。	

4	**課題　習慣やルールを書いて伝えよう。** 1　Listening 　メグと母の対話を聞いて，正しい内容を選択肢から選ぶ。 2　Listening 　海斗とホストファミリーのウィルソンさんの会話を聞いて，家での決まり事について，正しい選択肢を選ぶ。 3　Writing 　日本でホームステイするとしたら，守るべきどんなルールがあるか，第1時で使用したワークシートに追加してメモを書き出す。その後，「～すべきこと」「～しなくてよいこと」「～してはいけないこと」に分けて英作文する。ペアで交換して読み合い，気が付いたことをアドバイスしたり，間違い等を直したりする。	
5	**課題　Shin と Nami の困り感にアドバイスしよう。** 1　Shin と Nami の話を聞く 　動画を視聴して，二人の困り感をメモする。その後，それぞれの困り感のポイントをクラスで共通確認する。 2　アドバイスをする 　Shin については「水を節約するために，10分間でシャワーを浴びるにはどうしたらいいか」，Nami については「ホストファザーを傷つけることなく，食事の量を減らしてほしいことを伝えるにはどうしたらよいか」の助言を，友達になったつもりで書く。まずはメモを作り，ペアで Shin（Nami）と友達の役割分担をして口頭で伝える。その後，友達の意見も取り入れて，アドバイスを書く。 3　内容確認とまとめ 　本文の内容をキーワードの穴埋め形式で要約する。その後，Shin や Nami へのアドバイスを付け加えて口頭で言う。	「主体的に学習に取り組む態度」 ワークシートを回収して評価を行う。
6	**課題　海斗の体験からホームステイで大切なことは何か考えよう。** 1　海斗のスピーチを聞く 　動画を視聴して，海斗はホームステイで何をして，何を感じたのかをメモを取る。 2　内容確認 　本文についての TorF や Q&A で，やり取りしながら内容を確認する。また，ワードゲームとはどんなゲームか ALT の説明を聞く。	

第1学年　第2学年　第3学年

	夕食後，暇を持て余していた海斗が，最終的には "We enjoyed playing games together after dinner." と言っているが，困り感を感じたときにどう乗り越えたのか，自分だったらどうするか考えをペアでシェアする。 3　動名詞についての文法説明動画 　動詞にingが付いた形（「〜すること」）の表現を確認する。 4　ホームステイで大切なこと 　海斗の経験やこれまでの授業を通して，「ホームステイで大切なこと」について自分の考えをワークシートに書く。書いたらペアで交換して読み合い，感想を言い合う。 5　音読練習 　Choral Reading, Buzz Reading, Pair Reading, サイトトランスレーションシートを用いて日本語を見て英文に直す。	「主体的に学習に取り組む態度」 ワークシートを回収して評価を行う。
7	課題　日本の習慣やマナーを伝えよう。 1　アメリカ人旅行者のブログを読む 　アメリカ人のパトリックが投稿したブログを読む。彼の疑問や希望は何か，メモを取る。 2　アドバイスを考える 　日本でホームステイする際のアドバイスを，パトリック役と読者になったつもりで，ペアで役割分担して言ってみる。 3　アドバイスをまとめる 　会話を参考にして，パトリックへ伝えたい日本の習慣やマナーをまとめて，ブログの返事の形式で書いてみる。書いたら読み返して適宜修正する。	「主体的に学習に取り組む態度」 ワークシートを回収して評価を行う。
8	課題　英語の手紙の書き方を知ろう。 1　海斗が書いた手紙を読む 　ホームステイでお世話になったウィルソンさんへのお礼の手紙を読んで，英語での手紙の形式を知る。また，手紙で役立つ表現を学ぶ。 2　ウィルソンさんからの手紙を読み取る（資料1） 　ウィルソンさんから届いた手紙を，大事な点をメモを取りながら読み取り，返事をするべき点はどのようなことなのかを確かめる。 3　知りたいことについてのアドバイス 　ウィルソンさんは今年の冬に来日して，海斗の家にホームステイす	

	るが，「日本は初めてなので日本の冬」についてと，「ホームステイする際のルール」について知りたいそうだ。どんなアドバイスをしたいか，海斗になったつもりで，今までのワークシートも参考しながら，自分なりにメモを書く。	
9	課題　ウィルソンさんに手紙を書こう。 1　アドバイスをシェアする 　前回書いたアドバイスをペアで交換して読み合う。 2　手紙の形式でメモ 　導入，内容（感謝の言葉，感想，ウィルソンさんへのアドバイス，今後のこと），まとめの言葉の3つのパートに分けて，書きたいことのメモを書く。 3　ウィルソンさんに手紙を書く（資料2） 　ウィルソンさんが安心して来日できるように日本での過ごし方のアドバイスを含めて丁寧に返事を書く。その際には，英語での手紙の形式を意識して書く。わからない言葉は辞書を引いて調べてもよい。最後に書いたものを読み返して，よりよい表現に直して提出する。	「知識・技能」 「思考・判断・表現」 「主体的に学習に取り組む態度」 ワークシートを回収して評価を行う。
後日	定期考査等	「知識・技能」 「思考・判断・表現」

5　指導と評価の実際

❶　第1時

　後で自己調整ができているか図るために，まず単元の始まりとして「ホームステイする際に大切なこと」や「日本でホームステイする人にどんなアドバイスができるか」について考えさせる。また，留学する海斗へ向けたアドバイスとして，メグのアドバイスに付け加えるならどんなことが言えるかを考え，英語で書いてみる。ワークシートを回収してメグのアドバイスに付け加えるなら，具体的にどんなことが言えるか自分なりに考えて書こうとしているかどうかを評価する。

❷　第2時

　海外留学者向けのホームページの記事を読んで，助言を読み取る。評価は行わない。

❸　第3時

　海斗のホストファミリーのハウスルールを知る。ほかにどんなきまりがありそうか想像して

第1学年

第2学年

第3学年

アイデアを出し合う。評価は行わない。

❹　第4時

　日本でのホームステイする際に，文化や習慣等についてのどんなアドバイスができるかアイデアを出し合う。評価は行わない。

❺　第5時

　Shin と Nami の困り感を書き出して，それぞれ具体的にどんな助言ができるか考えて書く。アイデアは友達とシェアして，自分の言いたいことが伝わるかどうか確かめる。ワークシートを回収して Shin と Nami，それぞれの困り感についてメモを取り，友達になったつもりでアドバイスを書こうとしているかどうかを評価する。

❻　第6時

　海斗の体験から，海斗は困ったときどう行動したのかを読み取り，ホームステイする際に大切なことについて自分の考えを書く。読み返したり，友達と交換して読み合うことで，考えを深める。ワークシートを回収して海斗の困り感を読み取り，ホームステイをする際に大切なことについて手直ししながら，自分がもし海斗だったらどう解決しようとするかについて書こうとしているかどうかを評価する。

❼　第7時

　アメリカ人旅行者への不安や疑問点を読み取り，適切なアドバイスを書く。日本の生活習慣について具体例を出しながら提案を書く。ワークシートを回収して不安や疑問点への具体的なアドバイスを書こうとしているかどうかを評価する。

❽　第8時

　ウィルソンさんからの手紙をよく読んで，次回実際に手紙の返事を書くために，ウィルソンさんがどんなことを知りたいのかを明らかにする。

❾　第9時

　手紙を書く前にどんなことを書きたいかメモをマッピングしたり，導入，内容，まとめをそれぞれどのように書くのか考える。また，手紙の形式に沿って書き，書き終わったら提出する前に読み返したり，ペアで交換して読み合い，適宜手直しをする。自己調整はチェック項目に沿って行わせる。ワークシートを回収して評価する。

6 「主体的に学習に取り組む態度」の指導と評価のポイント

❶ 書くことを整理し段階を追って書いている。

●評価の基準

a	何を書くつもりなのかをマッピングメモを作成し，考えを整理してから手紙の形式で返事を書くことができる。ウィルソンさんの知りたいことに答えている。
b	ウィルソンの知りたいことに答えてはいるが，具体的な例が書かれていない。
c	bに達していない。

❷ 助言したいときの表現を適切に用いて書いている。

●評価の基準

a	綴りのミスや文法的な間違いがないか，殆どなく，丁寧な表現や文字で書いている。
b	綴りや文法のミスがあるが，言いたいことは伝わる。
c	bに達していない。

【資料1　ウィルソンさんからの手紙】

> October 20th, 2022
>
> Dear Kaito,
>
> How are you? Thank you for your kind letter. We are both well, but we miss you. We also remember that we enjoyed the word games with you.
>
> In America, we will have Halloween in the end of this month. We are going to make Jack o' lantern this afternoon. (中略)
>
> By the way, we are very excited to stay with you this winter. It is our first trip to Japan. What Japanese customs should we know about? What is the weather in winter like? Please let us know in your next letter.
>
> We are looking forward to seeing you again soon. Please say hello to your family.
>
> Sincerely,
> The Wilsons

【資料2　ワークシート（手紙後半）】

STEP3　Let's write to the Wilsons.

_____
_____
_____
_____
_____
_____
_____
_____
_____

提出前に確認！（できたら☑しよう）
□書く前に何を書こうかアイデアマッピングでメモを書いてみた。
□ウィルソンさんの手紙を読み取り，ウィルソンさんの疑問点に自分なりの答えを書いた。
□手紙の形式や言葉遣いを意識して受け取り側が読みやすいように書いた。
□読み直してつづりや文法の間違いがあれば書き直した。
□友達に読んでもらって，もしわかりにくい内容や表記のミスがあれば書き直した。

2年（　　）組（　　）番　氏名（　　　　　）
　　　　今日のめあて　１・２・３・４

（藤原　陽子）

第1学年

第2学年

第3学年

10 物語文を読んで，その内容を他の人に伝えよう！

関連教材：*ONE WORLD English Course 2*, Reading 2, "Stone Soup"

1 単元（授業）の概要

　本単元は，13段落から成る約340語の物語文の読み物教材である。（ストーリーの内容は，「5　指導と評価の実際」参照）。本単元では24程度の新出語句を扱うが，それほど難しい語句は含まれていない。また，新出文法事項も含まれていない。物語文なので時間軸に沿って書かれており，中学２年生にとって読みやすい教材である。生徒に概要を捉える読み方を行わせたり，物語のリテリングをさせたりする。

2 単元の指導目標

〔知識及び技能〕

・引用符の使い方のきまりを理解し，誰が何を言ったのかを読み取ることができる。

〔思考力，判断力，表現力等〕

・物語の概要を時間軸に沿って捉えることができる。

・物語の内容を，イラストなどを使って相手に伝えることができる。

「学びに向かう力，人間性等」

・１語１語や１文１文の意味など特定の部分にのみとらわれたりすることなく，登場人物の行動や心情の変化，全体のあらすじなどを楽しみながら大まかな内容を捉えようとする。

・物語文の内容を，イラストなどを使って相手に伝えようとする。その際，友達の説明の良いところを取り入れ，より適切に伝えようとする。

3 単元の評価規準

「知識・技能」

・引用符の特徴やきまりの理解を基に，物語文を読んで，誰が何を言ったのかを把握する技能を身に付けている。（読むこと）

「思考・判断・表現」

・文章の大まかな流れを他者に伝えるために，"Stone Soup" の物語の概要を捉えている。

（読むこと）

・物語文を他の人に知ってもらうために，物語の概要を時間軸に沿って整理し，自分の言葉で伝えている。（話すこと［発表］）

「主体的に学習に取り組む態度」

・文章の大まかな流れを他者に伝えるために，"Stone Soup"の物語の概要を捉えようとしている。（読むこと）

・物語文を他の人に知ってもらうために，物語の概要を時間軸に沿って整理し，自分の言葉で伝えようとしている。（話すこと［発表］）

4 単元の指導計画（全7時間）

時	主な学習活動	評価規準と評価方法
1	課題　物語文の概要を捉えよう！ （あいさつや帯活動については省略） 1　単元の導入 　タイトルと教科書に使われているイラストから，どのような物語なのかを推測する。 2　物語文の黙読① 　知っている語句から内容を推測しながら，物語文を楽しみながら読む。 （Words & Phrases の訳語を見ないで読み進める） 3　引用符の確認 　引用符の使い方についていくつかの文を示しながら確認する。 4　物語文の黙読② 　わからない語句については Words & Phrases の訳語を見ながら読み進める。 5　リスニング① 　本文を見ないで物語の音声を聞き，概要を確認する。 6　リスニング② 　本文を見ながら物語の音声を聞き，物語の詳細及び発音を確認する。 7　キーワードの確認及び発音 　soldier, taste soup, drank などの物語を説明するときに必要な単語を確認し，発音の確認をする。 8　本時のまとめ	「主体的に学習に取り組む態度」 生徒の黙読時の読み進め方について観察評価する。
2	課題　イラストを使って物語の前半部分の各段落の説明をしよう！ 　物語の最初から p.92の最初の段落（第5段落）までの前半部分を扱う。 1　物語の前半部分の想起（リスニング） 　本文を見ながら物語文を聞き，内容を確認する。 2　第1段落及び第2段落の音読とリテリング 　(1)Choral reading 　　教師のあとについて1文ずつ復唱する。 　(2)各自で練習 　　Read and look up を行い，物語文をある程度言えるようにする。 　(3)イラストを使ったリテリング 　　p.90のイラストを使って，物語を説明する練習を行う。 3　第3段落及び第4段落の音読とリテリング 　手順は2と同じ。ただし，イラストは p.91のものを使用 4　第5段落の音読とリテリング 　手順は2と同じ。ただし，イラストは p.92のものを使用 5　本時のまとめ	
3	課題　イラストを使って物語の前半部分をリテリングしよう！ 　物語の最初から p.92の最初の段落（第5段落）までの前半部分を扱う。 1　物語の前半部分の想起（リスニング） 　本文を見ながら物語文を聞き，発音等を確認する。	

	2　音読 　このあと，リテリングすることを意識して音読を行う。 ⑴Choral reading ⑵Buzz reading（Read and look up を含む） 3　リテリングの個人練習（タブレット等を活用する） 4　グループ内でのリテリングの発表 5　本時のまとめ（振り返りシートの「振り返り1」の記入）	「主体的に学習に取り組む態度」 振り返りシート（資料参照）は第7時に回収し，評価の参考資料にする。
4	課題　イラストを使って物語の後半部分の各段落の説明をしよう！ 　p.92の2段落目（第6段落）から物語の最後までの後半部分を扱う。 1　物語の後半部分の想起（リスニング） 　本文を見ながら物語文を聞き，内容を確認する。 2　第6段落から第8段落までの音読とリテリング ⑴Choral reading 　教師のあとについて1文ずつ復唱する。 ⑵各自で練習 　Read and look up を行い，物語文をある程度言えるようにする。 ⑶イラストを使ったリテリング 　p.92のイラストを使って，物語を説明する練習を行う。 3　第9段落及び第10段落の音読とリテリング 　手順は2と同じ。ただし，イラストは p.93のものを使用 4　第11段落から物語の最後までの音読とリテリング 　手順は2と同じ。 5　本時のまとめ	
5	課題　イラストを使って物語の後半部分をリテリングしよう！ 　p.92の2段落目（第6段落）から物語の最後までの後半部分を扱う。 1　物語の後半部分の想起（リスニング） 　本文を見ながら物語文を聞き，発音等を確認する。 2　音読 　このあと，リテリングすることを意識して音読を行う。 ⑴Choral reading ⑵Buzz reading（Read and look up を含む） 3　リテリングの個人練習（タブレット等を活用する） 4　グループ内でのリテリングの発表 5　本時のまとめ（振り返りシートの「振り返り2」の記入）	「主体的に学習に取り組む態度」 振り返りシートは第7時に回収し，評価の参考資料にする。
6	課題　イラストを使って物語全体をリテリングしよう！ 　物語の最初から最後までを扱う。 1　物語の全文の想起（リスニング） 　本文を見ながら物語文を聞き，発音等を確認する。 2　音読及びリテリングの練習 　5枚のイラストを見ながら，リテリングの練習を行う（個人，タブレット等を使用する）。 3　グループ内でのリテリングの発表 4　代表者によるクラス全体への発表 5　本時のまとめ（振り返りシートの「振り返り3」の記入）	「主体的に学習に取り組む態度」 振り返りシートは第7時に回収し，評価の参考資料にする。
7	課題　イラストを使って物語をリテリングしよう！ 1　リテリングの発表 　前半または後半を選んで発表する。 2　振り返り 　振り返りシートの「振り返り4」の記入をさせる。最後にリテリングについての教師からのフィードバックを行う。	「思考・判断・表現」 リテリングの評価を行う。 「主体的に学習に取り組む態度」 振り返りシートに記入し，提出する（パフォーマンスと合わせて評価を行う）。

5 指導と評価の実際

❶ 第1時

　教師からのオーラルイントロダクションなどの導入や説明を行わずに，生徒に物語を自力で読ませる。Pre-reading 活動として，黒板に物語のタイトルを書くとともに教科書に使われているイラストを貼り，これらの情報からどのような物語なのかを推測させる。個人で推測した後で他の生徒と共有する，初めから他の生徒と話し合いながら推測するなどのやり方が考えられる。Pre-reading 活動を行うことで，生徒は自分の推測と合っているか確かめながら読み進めることになる。次に，物語の概要を捉えるために物語全文を黙読させる。教科書にはWords & Phrases の欄に新出語句の訳語が載っているが，最初の黙読では訳語を見ないで読み進めさせる。わからない語句があるとすぐに辞書で調べたり，注を見たりするのでは，概要を捉える力を十分に高めることはできない。理解できる部分から他の部分を推測したり，場合によってはわからない語句を読み飛ばしたりしてもよいと指導する。物語文を読むときには引用符の知識が必要である。1年生で物語文に触れてはいるが，引用符のルールについて再度確認する。この物語文には，Then the three soldiers asked, "Are there any beds for us tonight?" "Sure there are!" said villagers. のような引用符を用いた文が多く見られる。引用符について指導する際，本単元に載っている英文を使用すると2回目の黙読のヒントとなってしまうため，1年の教科書に載っている物語文を使って確認するとよい。

　2回目の黙読では，わからない語句があったら Words & Phrases に示されている訳語を見ながら読み進めさせる。その後，教科書を閉じさせ，物語全文を聞かせ，耳から理解できるか挑戦させる。さらに，教科書を開かせ，文字と音を一致させながら聞かせる。最後に，物語を自分の言葉で語るリテリングを行うことが本単元の目標であると生徒に伝え，リテリングを行う際に必要となる語句を生徒から引き出させる。例えば，soldier, villager, stone soup, pot, eat (ate), drink（drank）などの語句を引き出させ，簡単な説明と発音練習を行う。

❷ 第2時

　物語の前半部分の第1段落から第5段落までを扱う。5つの段落を次の3つの部分に分け，それぞれの部分について音読及びイラストを見ながらのミニ・リテリングを行わせる。

・第1段落及び第2段落　46語

　戦いから帰宅途中の兵士3名が村に来た。村人たちは，兵士たちが村の食料を食べてしまわないようにすべて隠してしまう。

・第3段落及び第4段落　60語

　兵士たちがどの家に行っても村人は食べ物がないと言う。そこで兵士たちは stone soup を作ると提案する。

・第5段落　70語

　兵士たちはstone soupを作るには大きな深鍋がいると言う。鍋の中に水と石を入れ，塩と胡椒を入れ，石でスープがおいしくなると言い，さらに，良い味にするためにニンジンとキャベツが必要だと言って持って来させる。

　このミニ・リテリングの目標は，言えることを数文程度で伝えられればよい程度とする。

❸　第3時

　この授業では，第2時で扱った前半部分のリテリングを行うことを目標とする。まず，教科書本文を見たままで前半部分を聞かせ，内容を想起させるとともに，発音等を確認させる。この後，音読練習を行うが，リテリングを行うことを意識しながら音読するように指示する。前時にも音読指導は行ってはいるが，発音を確認させるために再度，各文を教師のあとについて復唱させる。そして，Buzz readingを行わせるが，途中から各自でRead and look upを行い，文字から目を離して顔を上げて言うようにさせる。この後，イラストを見ながらリテリングの個人練習を行わせる。生徒が持っているタブレット等に録音させて，自分のパフォーマンスを確認させてもよい。最後に，3，4人のグループをつくり，グループ内でリテリングの発表を行わせる。そして，本時のまとめとして，振り返りシート（資料参照）の「振り返り1」に記入させる。

❹　第4時

　物語の後半部分の第6段落から第13段落までを扱う。この8つの段落を次の3つの部分に分け，それぞれの部分の音読及びイラストを見ながらのミニ・リテリングを行わせる。

・第6段落から第8段落まで　68語

　兵士たちは，さらにジャガイモや牛肉を持って来させたり，牛乳を持って来させたりする。その際，王様は兵士たちにこのスープを所望していると嘘をつく。

・第9段落及び第10段落　38語

　兵士たちが完成したスープを食べようと言ったとき，村人たちがパンや飲み物が必要と言い出し，深夜まで踊ったり歌ったりした。

・第11段落から第13段落まで　58語

　兵士たちは村人たちに寝るところを与えられた。翌朝，兵士たちが村を去るとき，村人から二度と飢えることはないと感謝された。第2時と同様，ここでのミニ・リテリングでの目標は，言えることを数文程度で伝えられればよい程度とする。

❺　第5時

　第4時で扱った後半部分のリテリングを行うことを目標とする。指導内容や活動の手順は第

３時と同じである。本時のまとめとして，振り返りシートの「振り返り２」に記入させる。

❻　第６時

　本時では，第７時のリテリングの発表に向けた練習を行う。発表は教師及び他の生徒が聞き手ではあるが，物語を知らない人にも概要を理解できるように伝えることが大事であると指導する。タブレット等を用いて，自分のリテリングを録音し，聞いて振り返りながらパフォーマンスの質を高めるようにさせる。グループ内での発表（リハーサル）では，教師は生徒の観察を行う。最後に，よくできている生徒を指名し，前半と後半に分け，全員の前で発表させる。本時のまとめとして，振り返りシートの「振り返り３」に記入させる。授業の最後に，次回にリテリングの発表を全員の前で行うが，前半部分か後半部分を選んで発表することを伝える。クラスサイズや生徒の状況に応じて，物語全部をリテリングさせてもよい。

❼　第７時

　リテリングの発表を教室の前で行わせる。黒板には５枚のイラストを貼っておく。教師は評価を行う。全員の発表が終わったら，振り返りシートの「振り返り４」に記入させる。最後に教師から発表全体へのフィードバックを行う。

6 「主体的に学習に取り組む態度」の指導と評価のポイント

❶　自己のパフォーマンスについて振り返りをさせ，次回に向けて課題を解決できるように自己調整を行い，再びパフォーマンスを行う。

　今回のリテリング活動では，最初に教師がモデルを示すことはしないで，生徒にまず行わせてみる。そして，グループ内の他の生徒や代表生徒のパフォーマンス，タブレット等に録音した自分のパフォーマンスを振り返ることで，次の活動に向けてどのように修正していくかを考えさせる。第７時では，各生徒にリテリングを発表させる際，「思考・判断・表現」の観点で評価を行う。さらに，後で生徒の振り返りシートを参考にして「主体的に学習に取り組む態度」の評価を行う。原則として，「主体的に学習に取り組む態度」の評価は「思考・判断・表現」の評価と同じにするが，振り返りシートの記述内容から，自己調整が行われ，それがパフォーマンスに表れていると判断したときには，１つ上の評価にする。

●評価の基準

a	自分のパフォーマンスを振り返り，修正することに気付き，それに向けて準備を行い，その成果がパフォーマンスに十分に表れている。
b	自分のパフォーマンスを振り返り，修正することに気付き，それに向けて準備を行い，その成果がパフォーマンスに表れている。
c	bに達していない。

Enjoy English ― "Let's enjoy retelling!"

Class (　　) No. (　　) Name (　　　　　　　　　　　　　　)

この振り返りシートは単元を通して使用するので，毎回の授業に必ず持参してください。

振り返り1　授業日（　　月　　日）

(1)今回のリテリングの良かった点や足りなかった点を書こう

(2)他の人のリテリングで参考となるところを書こう

(3)今回の感想や次回のリテリングに向けて，工夫したいことなどを書こう

振り返り2　授業日（　　月　　日）

(1)今回のリテリングの良かった点や足りなかった点を書こう

(2)他の人のリテリングで参考となるところを書こう

(3)今回の感想や次回のリテリングに向けて，工夫したいことなどを書こう

振り返り3　授業日（　　月　　日）

(1)今回のリテリングの良かった点や足りなかった点を書こう

(2)他の人のリテリングで参考となるところを書こう

(3)今回の感想や次回の発表に向けて，工夫したいことなどを書こう

振り返り4　授業日（　　月　　日）

(1)自分の発表の感想を書こう

(2)他の人のリテリングで参考となるところを書こう

(3)今後，リテリングを行う際，工夫したいところを書こう

(4) Stone Soup の物語をリテリングしたことについて，感想などを書こう

（本多　敏幸）

スピーチから話し手の主張を読み取ろう！

関連教材：*Here We Go! ENGLISH COURSE 3*, Let's Read 3, "Changing the World"

1 単元（授業）の概要

　本題材は，1992年に開かれた地球環境サミットにおいて12歳の少女セヴァン・カリス・スズキによって行われた地球環境に関するスピーチを取り上げている。扱われている英語は，実際に行ったスピーチ原稿の約14％程度の量で中学生用にリライトされたものではあるが，スピーチの中で彼女が強く訴えていたメッセージ内容は忠実に再現されており，読み応えがある。

　はじめにいくつかのキーワードを示し，スピーチのトピックについて考えさせたり内容に対して関心を持たせたりした後，実際に彼女が行った当時の映像を視聴して概要をつかませていく。その後，スピーチの中で彼女が訴えたり非難したりする内容の具体について読み取りを深めていく。また，スピーチの構成についても再確認していく。

2 単元の指導目標

〔知識及び技能〕
・関係代名詞，現在分詞の後置修飾，間接疑問文，疑問詞＋to不定詞，仮定法の構文などの特徴やきまりを理解し，読んだり，話したり，書いたりできる。
・地球環境に関する社会的な内容のスピーチ原稿を読んで，その内容を読み取ることができる。

〔思考力，判断力，表現力等〕
・話し手の考えや意見を知るために，繰り返し出てくる言葉や表現などに注意しながら，地球環境に関するスピーチ原稿を読んで，要点を捉えることができる。
・地球環境に関するスピーチ原稿を読んで，話し手の考えや意見を整理しながら，自分が共感できる部分をまとめることができる。

「学びに向かう力，人間性等」
・話し手の考えや意見を知るために，繰り返し出てくる言葉や表現などに注意しながら地球環境に関するスピーチ原稿を読んで，要点を捉えようとする。
・地球環境に関するスピーチ原稿を読んで，話し手の考えや意見を整理しながら，自分が共感できる部分をまとめようとする。

3 単元の評価規準

「知識・技能」

・関係代名詞，現在分詞の後置修飾，間接疑問文，疑問詞＋ to 不定詞，仮定法の構文などの特徴やきまりの理解を基に，社会的な話題について読んだり，話したり，書いたりする技能を身に付けている。(読むこと，話すこと［やり取り］，書くこと)

「思考・判断・表現」

・話し手の考えや意見を知るために，繰り返し出てくる言葉や表現などに注意しながら地球環境に関するスピーチ原稿を読んで，要点を捉えている。(読むこと)

「主体的に学習に取り組む態度」

・話し手の考えや意見を知るために，繰り返し出てくる言葉や表現などに注意しながら地球環境に関するスピーチ原稿を読んで，要点を捉えようとしている。(読むこと)

・話し手の考えや意見を整理しながら，自分が共感できる部分をまとめようとしている。

(書くこと)

4 単元の指導計画（全5時間）

時	主な学習活動	評価規準と評価方法
1	○帯活動 1 導入 　やり取りをしながら，これまで学習してきたスピーチを振り返り，スピーチには話し手の主張があることに気付く。 　"Every speech has a message by the speaker. What did Tina tell her classmates?" 2 Before reading (Before listening) 　(1)示されるキーワードを見たり聞いたりして，スピーチの内容を推測する。 「地球環境サミット」, hole in the ozone, chemicals in the air, extinct, desert, street children 　(2)示される写真や映像を見ながら教師とやり取りをして，スピーチの内容をイメージする。 課題　セヴァンさんがスピーチで伝えたいことは何だろう。(予想)	

第1学年

第2学年

第3学年

	3　Whole listening	「知識・技能」
	(1)セヴァンさんの実際のスピーチを聞く。	
	(2)教科書にあるリライトされたスピーチ全体を聞く。	観察・自己評価シート
	(3)ペアになって，聞き取れたことを話し合う。	キーワードの出てくる部分を理解した
	（気になった語や印象に残る英文などを出し合う。）	りスピーチから情報を引き出したりし
	(4)聞き取れたことを学級全体で共有する。	ている。
	4　My opinion	「主体的に学習に取り組む態度」
	(1)もう一度スピーチ全体を聞く。	観察・自己評価シート
	(2)After You Read にあるセヴァンさんが一番伝えた	キーワードの出てくる部分を理解した
	かったことは何かを書く。	りスピーチから情報を引き出したりし
	I want you to ＿＿＿＿＿＿＿＿＿＿＿ .	ようとしている。
	5　本時のまとめ	
2	○帯活動	「思考・判断・表現」
	1　スピーチ（全体の１／３）を聞く（復習）	スピーチを読んで要点を捉えている。
	課題　主張1　「地球が抱える問題点について考えて	「主体的に学習に取り組む態度」
	ほしい」	観察・自己評価シート
	2　表現等を学習する	スピーチを読んで要点を捉えようとし
	表現や語句などの発音と意味の確認を行う。	ている。
	I am here to ～. / I am afraid to ～. /as if ～	
	3　本文の黙読	
	何度も出てくる言葉や表現，セヴァンさんが一番伝え	
	たいと思っている部分に注意しながら読む。	
	4　Q&A	
	5　音読	
	(1)Choral reading	
	(2)Buzz reading	
	(3)Shadowing	
	6　Writing	
	サマリーの空欄に適切な語を入れる。	
	7　本時のまとめ	
3	○帯活動	「知識・技能」
	1　復習	観察・自己評価シート
	2　スピーチ（全体の２／３の箇所）を聞く。	スピーチを聞いて情報を引き出してい
		る。

	課題 主張2 「人類は家族であり，分かち合うことが大切」	
	3 表現等を学習する 表現や語句などの発音と意味の確認を行う。 I'm only a child and ～. / You don't know how to ～. / I'm only a child, yet ～. / bring ～ back / be willing to ～ / I wish /	
	4 本文の黙読 ・前半部分は誰に対して呼びかけているのか ・後半部分では何を伝えようとしているのか これらの点を考えながら読む。	「思考・判断・表現」 スピーチを読んで要点を捉えている。 「主体的に学習に取り組む態度」 観察・自己評価シート スピーチを読んで要点を捉えようとしている。
	5 Q&A 6 音読 (1) Choral reading (2) Buzz reading 7 Writing スピーチのサマリーの空欄に適切な語を入れる。 8 本時のまとめ	
4	○帯活動 1 復習 2 スピーチ（全体の残りの箇所）を聞く 課題 主張3 「大人の言行不一致を非難し，行動を起こしてほしい」 3 表現等の確認 表現や語句などの発音と意味の確認を行う。 be willing to ～. / teach ～ not to / work ～ out / do the best / "You are what you do, not what you say."	「知識・技能」 観察・自己評価シート スピーチを聞いて情報を引き出している。
	4 本文の黙読 ・セヴァンさんが言う6つのことの意味を考える。 ア．not to fight with others　イ．to work things out ウ．to respect others　エ．to clean up our mess オ．not to hurt other creatures カ．to share, not be greedy	「思考・判断・表現」 スピーチを読んで要点を捉えている。 「主体的に学習に取り組む態度」 観察・自己評価シート スピーチを読んで要点を捉えようとしている。

第1学年

第2学年

第3学年

	・後半部分では何を伝えようとしているのかを考えながら読む。 5　音読 　⑴ Choral reading 　⑵ Buzz reading 6　Writing 　スピーチのサマリーの空欄に適切な語を入れる。 7　本時のまとめ	
5	○帯活動 1　復習 ┌─────────────────────────┐ │ 課題　セヴァンさんが一番伝えたかったことは何だろ │ │ 　　　う。（確認） │ └─────────────────────────┘ 2　音読 　これまでの内容を振り返りながら自分のペースで読む。 　Buzz reading 3　Q&A 　⑴ Who did Severn make this speech for? 　⑵ Why did Severn repeat "I'm only a child" again and again? 　⑶ What shocked her two days before the speech? 　⑷ From her speech, why do you think we are greedy? 4　スピーチ全体の構成を考える 　「伝えたいこと」「具体の説明」「まとめ」 5　My opinion 　After You Read にある，セヴァンさんが一番伝えたかったことは何かを書く。 　I want you to ＿＿＿＿＿＿＿＿＿＿＿ . 　・第1時に書いたものと比べ，理解度の進歩を知る。 6　本時のまとめ	「思考・判断・表現」 ワークシート セヴァンさんの立場になって伝えたいことを表現している。 「主体的に学習に取り組む態度」 ワークシート セヴァンさんの立場になって伝えたいことを表現しようとしている。

5 指導と評価の実際

❶ 第1時

　前課の Tina のスピーチや教師自身が自分のことに係る身近な話題のスピーチを行い，その内容について Small talk を行い，教師対生徒でやり取りを行う。スピーチには「伝えたいこと」「具体的な説明」「まとめ」といった構成があることを振り返らせる。

　次にセヴァンさんのスピーチの主題である地球環境やキーワードとなるいくつかの語句に話題を移し学習させていく。その後 Listening に入るが，関心を高める意味でオウセンティックなセヴァンさんのスピーチ映像を見せる。

　続いて，教科書にあるリライトされているスピーチを聞く。Listening 後，聞き取れた語・わかりにくい語や箇所をペアで話し合わせ，ワークシートに記入させる。この際，生徒の理解状況に応じて聞く回数は調節していく。そして，聞き取れた語・わかりにくい語や箇所を学級全体で共有する。

　本単元では Reading による概要理解を本来のねらいとしているため，簡単な確認や説明に抑える程度でよい。

　最後に，初めてスピーチを聞いた段階の自己記録として，セヴァンさんになったつもりで，After You Read にある I want you to ～. の1文を書かせてみる。正解は読解をした後で本格的に考えるので，この段階では予測をはじめ，各自が考えたさまざまな意見を出させる程度でよい。「知識・技能」「主体的に学習に取り組む態度」を評価するが，書いた内容について重きを置くのではなく，1回目に聞いた後のざっくりとした理解から，I want you to ～ に続く英語をほぼ正しい文法形式を用いて文を書いたり，書こうとする態度を見取ったりする簡単な評価でよい。第5時にもう一度書き上げた際の，比較資料として自己評価に活用できる点に大きな価値がある。

❷ 第2時

　教科書にあるスピーチ文を三分割して指導を進める1時間目である。表現等の指導では，前時の「3　Whole listening」で出てきた語を中心に進める。

　課題である主張1については，黙読をしながらじっくり考えさせる。すぐに意見を言わせ合うのではなく，Q&A を通して全体の内容を確認しながら，導くスタンスで進める。

　内容を理解したところで音読に取り組み，要約文に適切な語を入れさせることで整理をさせる。ワークシートを用い，スピーチの初めの部分でセヴァンさんが伝えていることの概要を捉えているかどうか「思考・判断・表現」「主体的に学習に取り組む態度」を評価する。第2時～第4時はほぼ同様な流れである。

❸ 第3時

　分割した2つ目のパートに進むが，その中の前半の呼びかけと後半のメッセージをじっくり考えさせたい。ワークシートを用い，スピーチの中盤でセヴァンさんが伝えていることの概要を捉えているかどうか「思考・判断・表現」「主体的に学習に取り組む態度」を評価する。

❹ 第4時

　最後のパートを読む。大人に対する6つの言葉の意味は，同年代の生徒にとって共鳴する部分があると期待できる。ワークシートを用い，スピーチの中盤でセヴァンさんが伝えていることの概要を捉えているかどうか「思考・判断・表現」「主体的に学習に取り組む態度」を評価する。

❺ 第5時

　スピーチの内容をほぼ確認，理解できた。全体を生徒一人一人のペースで音読させてみる。次に，教科書にある Question に対する答えについて，インターラクションを通して確認していく。

　そして，セヴァンさんが伝えたいことのポイントをスクリーンに示し，これまで学習してきたスピーチ文の構成を再確認をする。

　最後に After You Read に再度取り組み，自分が読み取ったセヴァンさんの思いを1文の英語で書き上げる。その際，第1時に書いたものと比較し，「読むこと」の学習を通して自分の理解が深まったことを確認させられるよう配慮する。セヴァンさんが考えたと思われる願い（自分が共感できる点）を書けているかどうか「思考・判断・表現」「主体的に学習に取り組む態度」を評価する。

6 「主体的に学習に取り組む態度」の指導と評価のポイント

❶ Pre-reading の活動として「聞くこと」に取り組ませ，そこで得た情報を生かし「読むこと」の活動を深める。

　生徒個々の能力に応じ「聞くこと」を通して，必要な情報を聞き取らせたり，話の概要を捉えさせたりした上で，読む活動に取り組ませる。なお，多くのリスニングポイントを示すことによって「読むこと」の活動内容を阻害してしまうことも考えられるため，キーワードを事前に示し，聞き取れたものをチェックしながら，英文の内容を推測し，スムーズに読むことに移行できていける程度でよい。

　個人差に対応するため，タブレット端末を利用し，自分の理解度に応じて繰り返し聞く設定も工夫して取り入れる。

❷ 読む時間を設定し，決められた時間の中で要点を読み取る。

英文を読んで，その部分の要点を考えさせる活動を何回か想定している。❶によって聞く回数も数多く設定できているし，スピーチの構成に関する知識等も活用しながら，制限時間を設けて大まかな内容を把握する力を育成していく。デジタルタイマーなどで時間の設定を示し，限られた時間内で情報を処理することを練習する。

初めのうちは，想定時間を過ぎないと情報を引き出すことも内容を把握することも難しいが，活動を重ねるごとに段々と主体的に取り組むようになってくる。

●評価の基準

a	決められた時間内に，スピーチの内容を正確に理解している。
b	スピーチの内容をほぼ理解している。
c	bに達していない。

❸ 理解の深まった，かつ語彙や表現に変化がある文章に修正させる。

聞いた上で読む，読んで理解を深めた上で書くといった統合型の指導を繰り返すが，第1時にほとんど予想感覚で作者の意図を表現した段階と，「聞くこと」の回数も増え，「読むこと」のレベルも高まった第5時の段階では，理解の程度も表現に使える語彙なども当然変化が生まれてくる。自分が作者と共感できる点に関して第1時に書いたものと，第5時に書いたものを比較することによって，自分の学びの成長を自覚させられる。

●評価の基準

a	最初に書いた文よりも，作者の意図が明確に示されており，かつ使用表現や語彙も適切である。
b	最初に書いた文よりも，作者の意図が示されている。
c	bに達していない。

（伊藤　幸男）

第1学年

第2学年

第3学年

12 Let's make "Heartful Journey through Ibaraki!"
―心温まる旅を提案しよう！―

関連教材：*SUNSHINE ENGLISH COURSE 3*, Our Project 8,「あなたの町を世界に PR しよう」

1 単元（授業）の概要

　本単元は，自分の住む町を PR する内容だが，言語活動の目的・場面・状況をより明確な活動にするべく「『Heartful Journey through Ibaraki』と題して，学年の先生に向けて心温まる旅を提案しよう。」という目標を設定する。先生から得た情報を基に旅行プランを立てる。そのために，県の観光名所，特産やよさを考えたり，調べ学習をしたりすることで，社会科との教科横断的な視点も取り入れる。担当する先生（学級担任３人・学年担当２人・学年主任・ALT・教頭（英語科）計８名）を決め，そのニーズに合わせた旅行プランを提案する活動は，①各先生へのインタビュー②旅行プランの作成③旅先の決定④先生への旅行プランの提案，感想を聞く⑤グループを変えたやり取りと５つの異なる場面を設定する。また，本単元は「旅行」をテーマとしており，身近で日常的な話題，単に面白い感覚だけではなく社会的な話題の要素を取り入れるために，SDGs の視点を取り入れながら旅行プランを組み立てることとする。関係代名詞だけではなく，これまでに学習した言語材料を活用し，さまざまな場面でやり取りすることを通して相手意識を強く持ち，その場に応じて互いに考えを述べ合ったり，即興的に質問し合ったりする力を身に付けることを目指す。

2 単元の指導目標

〔知識及び技能〕

・分詞の後置修飾，関係代名詞（主格・目的格），接触節の特徴やきまりを理解できる。

・旅行プランを提案するために，相手の情報や自分の考えなどを整理し，分詞の後置修飾や関係代名詞（主格・目的格），接触節などを用いて伝えたり，相手からの質問に答えたりすることができる。

〔思考力，判断力，表現力等〕

・先生が「行ってみたい」と思えるような旅行プランを提案するために，先生の情報や好みを踏まえながら，自分の考えや気持ちなどを整理し，簡単な語句や文を用いて伝えたり，伝えた内容に対して対話を広げたりすることができる。

「学びに向かう力，人間性等」

・先生が「行ってみたい」と思えるような旅行プランを提案するために，先生の情報や好みを踏まえながら，自分の考えや気持ちなどを整理し，簡単な語句や文を用いて伝えたり，伝えた内容に対して対話を広げたりしようとする。

3 単元の評価規準

「知識・技能」

・分詞の後置修飾，関係代名詞（主格・目的格），接触節の特徴やきまりを理解している。

（話すこと［やり取り］）

・旅行プランを提案するために，相手の情報や自分の考えなどを整理し，分詞の後置修飾，関係代名詞（主格・目的格），接触節などを用いて伝えたり，相手からの質問に答えたりする技能を身に付けている。（話すこと［やり取り］）

「思考・判断・表現」

・先生が「行ってみたい」と思えるような旅行プランを提案するために，先生の情報や好みを踏まえながら，自分の考えや気持ちなどを整理し，簡単な語句や文を用いて伝えたり，伝えた内容に対して対話を広げたりしている。（話すこと［やり取り］）

「主体的に学習に取り組む態度」

・先生が「行ってみたい」と思えるような旅行プランを提案するために，先生の情報や好みを踏まえながら，自分の考えや気持ちなどを整理し，簡単な語句や文を用いて伝えたり，伝えた内容に対して対話を広げようとしている。（話すこと［やり取り］）

4 単元の指導計画（全6時間）

時	主な学習活動	評価規準と評価方法
1	課題　モデルスピーチを聞こう。 1　スモールトーク （単元を通して「旅行」についての内容を取り扱う。） 2　本単元の学習到達目標を理解する 3　教科書のモデル PR を聞き内容を把握し，Expression Box の内容を理解する 4　先生への質問を考える 　担当する先生に対して，5W1Hの内容の質問を考え，メモする。 Who do you go with? / Do you like camping? / When do you want to go? / What is your favorite food? / Do you enjoy fireworks? / Can you swim? 5　本時のまとめ・振り返りをする	「知識・技能」 ワークシート・観察 分詞の後置修飾，関係代名詞，接触節の特徴やきまりを理解しているかを評価する。

第1学年　第2学年　第3学年

2	**課題 インタビュー内容をシェアしよう。** 1 スモールトーク 2 先生にした質問とその答えを整理，シェアする 　ALT と JTE のやり取りを聞き，それを参考に英語で整理，シェアする。 3 社会科で得た知識などを基に調べ学習を行う 4 本時のまとめ・振り返りをする	
3	**課題 先生に合う旅行プランを考えよう。** 1 スモールトーク 2 相手に提案する表現などの既習表現を確認する 3 前時の内容を基に，個人で旅行プランを書く 4 本時のまとめ・振り返りをする	
4	**課題 先生に合う旅行プランを考えよう。（グループ）** 1 スモールトーク 2 前時に書いた旅行プランを発表する 3 グループで1つのプランを練り上げる（資料1） 　互いの発表を基に，行先，行程，宿泊場所などをやり取りをしながら検討し，決定する。 4 本時のまとめ・振り返りをする	「知識・技能」 動画・観察 相手の情報や自分の考えなどを整理し，分詞の後置修飾や関係代名詞，接触節などを用いて伝えたり，相手からの質問に答えたりする技能を身に付けているかを評価する。
5	**課題 先生に Heartful Journey through Ibaraki を提案しよう。** 1 スモールトーク 2 発表の練習をする 　先生にどのように発表するかを決め，練習する。 3 発表をする 4 先生とのやり取りや感想を受け，必要があれば旅行プランを再考する 5 本時のまとめ・振り返りをする	「思考・判断・表現」 「主体的に学習に取り組む態度」 動画・観察 先生の情報や好みを踏まえながら，自分の考えや気持ちなどを整理し，簡単な語句や文を用いて伝えたり，伝えた内容に対して対話を広げたりしているかを評価する。

| 6 | 課題　互いの旅行プランを伝え合おう。

1　スモールトーク
2　前時の内容を振り返り，発表の練習をする
3　グループを変え，担当した先生の旅行プランを発表し合い，それについてやり取りをする
4　担当した先生への旅行プランを再構築し，完成させ，ワークシートを完成させる
5　単元のまとめ・振り返りをする | 「思考・判断・表現」
「主体的に学習に取り組む態度」
動画・観察
先生の情報や好みを踏まえながら，自分の考えや気持ちなどを整理し，簡単な語句や文を用いて伝えたり，伝えた内容に対して対話を広げたりしているかを評価する。 |

5　指導と評価の実際

❶　第1時

　本単元では，毎時間のスモールトークで，「旅行」に関することを取り扱う。本時は，生徒とのやり取りの中で，"Do you have any plans next vacation? / Do you want to know Ibaraki more through going on a trip?" など問いかけ，生徒の発話を引き出し，本単元のガイダンスにつながるようにする。本時のみ教科書の内容を扱い，台本を聞き内容を把握したり，Expression Box の文章を読み，これまでに学習している分詞の後置修飾，関係代名詞（主格・目的格），接触節の特徴やきまりを復習する。ワークシートの内容を理解し，話したり書いたりすることができるかを「知識・技能」で見取り評価する。また，本単元において，適切に関係代名詞等を用いて，ものを表現することを意図的に取り入れることの必要性を伝え，より説得力かつ提案性のある旅行プランを作るように話す。後半は，グループごとに担当する先生を決め，どのような質問をして，回答を得れば，旅行プランを立てることができるかを英語で話し合う。ALT とのやり取りを見せ，I think Mr. Maeno has two sons. He wants to play outside with them. など相手意識を持ち，英語で質問内容を整理するよう促す。

❷　第2時

　本時のスモールトークでは，実際に Through the test about Ibaraki, what did you learn?（いばらきっ子郷土検定）など社会科との関連を示し，英語で表現する場を設ける。スモールトークの中間指導では，観光地やデータの示し方などにも触れ，旅行プランを作成する一助となるようにする。第1時の後に実際に各先生へ英語でインタビューを行い，質問とその回答を英語で整理，シェアする。3学年なので，日本語を使わずに話すよう ALT とのやり取りを見せ，ヒントを得るようにする。S1: I asked Mr. Maeno, "When are you going on this trip?"

He said "My son's birthday is coming‼" So this is a birthday trip. Ｓ２: Yes. He said so, and I asked "Do you want to stay overnight?" He said, "I want to stay at special hotel with my family." 程度を求めたい。本時は記録に残す評価等は行わず，後半は先生から聞き取った情報と社会科で得た知識などを基に調べ学習を行い，旅行プランを考える。

❸　第３時

　相手に提案する表現などの既習表現を確認する。グループで助動詞やＩ think 〜. など，どのような表現を用いることができるかを話し合い，その後全体で共有する。教師から一方的に示すのでなく，生徒が主体的に考えるようにする。このように生徒が「目的・場面・状況」に応じて活用できる表現を考える時間は，ALTと生徒とだけのやり取りにする。JTEは板書を行ったり補助的な動きのみをする。その後，個人で旅行プランを書く。当然，グループ内では似たり寄ったりの内容になる。しかし，お昼ご飯やホテルなどの場所，行程は，さまざま工夫があるため，まずは個人で担当する先生の旅行プランを考える。既習の言語材料を適切に用いて自分の考えや意見を含んだ旅行プランが書かれているかをワークシートで確認する。

❹　第４時

　前時に書いた旅行プランを発表し，それを基に，行先，行程，宿泊場所などをやり取りをしながら検討し，決定する。相手（先生）の情報や好みを踏まえながら，自分の考えを書いたり伝え合ったりすることができたかを「知識・技能」で評価する。生徒のやり取りの動画は，タブレット内のアプリケーションを通じて，教師のパソコンに提出させる。また，参考になるグループのやり取りはスクリーンで写し全体で確認し，瞬時に共有できることは中間指導で非常に有効的である。グループ内でのやり取りで予想される発話としては，Ｓ１: We all said going to Kamine Zoo is good for Mr. Maeno. What time is the best to go there? Ｓ２: I checked on the Internet. The view from the top is very beautiful. So I think he should eat lunch there. Ｓ３: OK. So he will go there in the morning on the first day, right? などである。互いの旅行プランの工夫点やよい点などを認め合いながら，グループで先生が実際に行ってみたいと思うとっておきの旅行プランを考えられるようにする。

❺　第５時

　本時は旅行プランの発表を行い，８名の先生に10分程度の時間を確保してもらい，再度先生とやり取りし，旅行プランを提案する活動を行う。先生方にも英語を用いて話をするよう依頼をしておく。生徒たちは，グループで事前に役割分担し，タブレットで写真や行程表を示しながら，発表する。その後，先生からの感想等を聞いたりやり取りをしたりしたことを踏まえて，必要があれば旅行プランを再考することにする。先生方には，意図的に "I think this hotel is

too expensive to stay at." など生徒の提案を一部直してもらうよう伝えておき再考する材料を
与える。

❻ 第6時

　前時の最後に再考を終えた旅行プランを自分の中で整理し，理解する。その後，これまでの
グループを再編し，担当している先生が別々になるようにグループを変える。本時は，旅行プ
ランをすべて自分だけで発表するために，メモやキーワード，タブレットで写真や行程表を示
しながら発表ができるように練習をする。原稿を書きそれを読み上げるのではなく，「話すこ
と［発表］」のようにメモやキーワードを頼りにしながら即興で発表させる。1分程度，先生
の旅行プランを発表し，それについて5分程度やり取りをする。実際の授業場面では，"Does
he have children?" など家族構成に興味を示し質問する生徒もいたが，旅行プランについて賛
成している，よいプランだと思うなどの感想を述べたり，"I think near Kujihama beach, we
can enjoy shopping. I bought dried fish last year. It's delicious." など伝えていた生徒もいた。
グループを変えやり取りをすることで，新たに得る情報やアイデア，友達の意見を基に自分の
考える旅行プランを再構築し，最終的に完成させる。指導者としては，グループで完成させた
旅行プランだけを評価するのではなく，さらにグループを変えたやり取りを経て，再構築した
ものを評価することとしたい。本時の評価としては，先生の情報や好みを踏まえながら，自分
の考えや気持ちなどを整理し，簡単な語句や文を用いて伝えたり，伝えた内容に対して対話を
広げたりしているかを「思考・判断・表現」と「主体的に学習に取り組む態度」を一体的に評
価することとする。第5時の先生への発表の様子と合わせて評価する。

6 「主体的に学習に取り組む態度」の指導と評価のポイント

❶ コミュニケーションの「目的・場面・状況」を明確にした学習活動を設定する。

　教科書に書かれている活動のままではなく，学習時期を考慮したり相手意識が明確な活動に
したいと，単元計画を立てたりすることは重要である。教科書の内容は第1時に取り扱ったが，
本単元で取り扱うべくねらいをおさえた上で，実際に，担任の先生や授業を受けている学年の
先生のことを考え，旅行プランを考える活動は生徒にとって活動の目的が明確である。生徒が
「先生喜ぶかな」「本当に旅行に行ってくれるかな」と話しながら，意欲的に活動に取り組む仕
掛けは，「主体的に学習に取り組む態度」を引き出す上で重要である。先生方の感想を見ると，
「実際休みに家族で行ってきましたよ‼」などと記述されており，生徒が相手意識を持ち，活
動に「目的・場面・状況」の意識を持って取り組めたものだとわかる。教師が生徒の実態に応
じて，どのように単元計画を立て，どのような活動を仕組むか工夫することは，生徒が主体的
に学習に取り組むために必須なことである。(資料2・3)

●評価の基準

a	インタビューした内容を踏まえ相手意識を持ち，積極的に書いたり話したりしている。
b	十分には相手意識がされていないが，書いたり話したりしようとしている。
c	bに達していない。

❷　評価方法を工夫する。

　「話すこと［やり取り］」において「主体的に学習に取り組む態度」を見取るためには，「思考・判断・表現」と対の形で見取ることが重要である。生徒がタブレットで「話すこと［やり取り］」の場面を録画し，端末内のアプリケーションソフトを経由し，教師に提出する。とても便利である。この方法を活用すれば，授業内で十分に見取れなかった生徒の活動の場面を見ることもできる。ALT と生徒の話す姿について議論し，評価しながら見ることもできる。また，この方法を使えば，校内の英語科担当教員と共有し，評価規準を揃えることが以前より容易になる。さらに，提出された動画の中にグットモデルとなる映像があれば，その場でスクリーン等に写し，全体で共有することもできる。この方法は，中間指導にも役に立つ。1つの単元において中途段階でパフォーマンスを録画し，教師がフィードバックし，中間指導が行える。以前のように発表が2時間に一度しか回ってこないなどのことはなく，発話の機会も多く確保され，効率よく言語活動が行える手立てとなる。（資料1）

●評価の基準

a	振り返りや中間指導のフィードバックを次に生かし，意欲的に活動に取り組んでいる。
b	中間指導の内容を十分に踏まえることなく，活動に取り組んでいる。
c	bに達していない。

❸　「再構築」する力を身に付けるための手立てを工夫する。

　さらに，生徒が相手を変えながら何度もやり取りし，最終的な旅行プランを完成させる活動を設定することで，自分の考えを整理し再構築する力，粘り強く学習に取り組む姿を見取ることができる。本単元のようにグループでの共同学習をすると，英文を書く生徒が一部であって他は見ているだけ，もしくは文量に偏りが出ることが大にしてある。これらのことを避けるためにも，適切に個人，グループと活動の場を工夫しながら，最終的に旅行プランを書き上げる。

●評価の基準

a	友達の意見ややり取りを踏まえて，よりよい旅行プランを創り上げている。
b	よりよい旅行内容や表現を十分に再構築せずに，話したり聞いたりしている。
c	bに達していない。

【資料１　グループで旅行プランを１つにするためにやり取りをしている様子】

○右端の生徒：発表者のタブレットを使い発表の様子を録画する。発表後は，アプリを経由して，教師に提出する。

○背中を向いている生徒：発表をしている。

○発表者の前／左端の生徒：発表者の旅行プランを聞き，その後やり取りをする。

教師の PC 内には，生徒が提出した録画が名前の順に揃う。中間指導として，グットモデルの生徒の動画をプロジェクターからスクリーンに写すことも可能であり，生徒のタブレット内に，動画を残し記録することで自分の変容に気付くこともできる。

【資料２　実際の発表のパワーポイント】

○コミュニケーションの「目的・場面・状況」を明確にし，一工夫した活動をすることで，生徒が相手を喜ばせたい，楽しそうやってみたいと思う授業が展開できる。

○日常的な話題ばかりを取り扱うのではなく，学年に応じて社会的な話題の要素を適切に取り入れることも必要である。

【資料３　単元のゴールの姿】

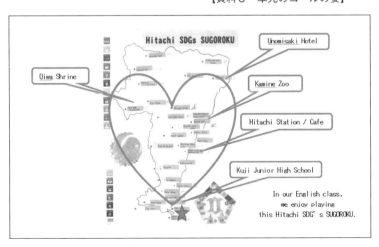

○本単元の活動を県内のプレゼンテーションフォーラムにつなげた。Our journey created the heart shape. というアイデアを先生に提案できたことは「思考・判断・表現」と「主体的に学習に取り組む態度」が共に高まり，単元の終末に目指す姿のよい例である。

（安　絵里）

13 「中学校の思い出」をテーマに，中学校最後の英語スピーチを成功させよう！

関連教材：*SUNSHINE ENGLISH COURSE 3*, Special Project,「中学校の思い出を残そう」

1 単元（授業）の概要

　生徒は，中学校に入学してから毎年3回のペースで「話すこと」を中心としたパフォーマンス活動を［発表］と［やり取り］の両面で行ってきた（Our Project）。3学年では通常のパフォーマンス活動2回に加え，中学校3年間の活動の総括となるものを，Special Project として卒業前の時期に特別に実施する。

　本単元では，中心となる言語材料は特に設定せず，中学校で学習した英語の表現を総合的に活用させる。生徒は自分の思いを仲間に伝えるために，スピーチの内容や話し方をどのように工夫すればよいかを考え，情報を整理しながら原稿を書き，十分に練習した後でスピーチの発表を行う。発表後は，自分の発表の様子をビデオで確認してわかったことや，仲間の発表を聞いて学んだことなどについて振り返る。

2 単元の指導目標

〔知識及び技能〕

・自分の中学校の思い出を，中学校で学習した英語の表現を正しく使い，書いたり話したりして伝えることができる。

〔思考力，判断力，表現力等〕

・自分の中学校の思い出について，聞き手に伝わるよう工夫して話すことができる。

「学びに向かう力，人間性等」

・自分の中学校の思い出について，聞き手に伝わるよう工夫して話そうとする。

3 単元の評価規準

「知識・技能」

・中学校で学習した言語材料の意味や働きなどについて正しく理解している。

（書くこと，話すこと［発表］）

・中学校で学習した言語材料の意味や働きなどの理解を基に，自分の中学校の思い出を正確に話して伝える技能を身に付けている。（話すこと［発表］）

・中学校で学習した言語材料の意味や働きなどの理解を基に，自分の中学校の思い出を正確に書いて伝える技能を身に付けている。（書くこと）

「思考・判断・表現」

・自分の中学校の思い出の中から特に心に残っていることについて，聞き手に伝わるように，話す内容や話し方を工夫して発表することができる。（話すこと［発表］）

「主体的に学習に取り組む態度」

・自分の中学校の思い出の中から特に心に残っていることについて，聞き手に伝わるように，話す内容や話し方を工夫して発表しようとしている。（話すこと［発表］）

4 単元の指導計画（全6時間）

時	主な学習活動	評価規準と評価方法
1	**課題　先輩のスピーチを観て，良い点を見つけよう。** 1　単元の導入 「中学校の思い出」についてスピーチをすることを確認する。 2　対話活動 中学校の活動で面白かったものは何か，なぜそう思うかなどについてペアで対話する。 3　モデル文の確認 教科書に書かれた「中学校の思い出」のモデル文を読み，ペアで意味を確認する。 4　モデルスピーチの視聴 卒業した先輩たちが残したビデオを観る。 5　工夫点の確認 (1)先輩たちのスピーチを観ながら，工夫されていてよいと思った点をメモに取る。 (2)気が付いた点をグループで伝え合う。 (3)クラス全体で共有する。 (4)今回の発表で自分が工夫したいと思う点をカードにまとめる。 6　本時のまとめ 本時の学習を振り返る。	「主体的に学習に取り組む態度」 工夫点をまとめたカードや，振り返りカード（資料1）に，スピーチで工夫したいと思う点をまとめようとしている。

2	課題　スピーチの構想をたてよう。 1　スモールトーク 　(1)中学校3年間で撮られた自分たちの写真を見ながら教師の話を聞く。 　(2)話の内容や，写真などに関する質問に答えるなどして教師とやり取りをする。 2　スピーチのトピックの選定 　(1)ペアやグループで相談しながら，スピーチのトピックを選ぶ。 　(2)自分が選んだトピックをタブレット上のカードに書き教師に送信する。 　(3)クラス全員分のトピックを確認し，必要に応じて自分のものを修正，変更する。 3　スピーチの構想 　トピックに関連する語句をマッピング形式でタブレット内のカードに記入する。 4　即興でのスピーチ 　マッピングのカードを見ながらパートナーと即興でスピーチをし合う。 5　スピーチの再構想 　4での活動でうまくできなかったところを振り返りながらカードを修正する。 6　本時のまとめ 　本時の学習を振り返る。	「主体的に学習に取り組む態度」 マッピングや振り返りカードで，スピーチ原稿の構想をたて改善を図ろうとしている。
3	課題　スピーチの原稿を書こう。 1　原稿作成 　マッピングカードを見ながら，必要に応じて辞書などを活用し，スピーチ原稿を書く。 2　原稿の確認 　パートナーと原稿を交換して読み合い，お互いの原稿についてアドバイスを伝え合う。 3　原稿の完成	

	(1)パートナーや教師からのアドバイスを参考に原稿を推敲する。 (2)スピーチ原稿を教師に提出する。 4 本時のまとめ 本時の学習を振り返る。	「主体的に学習に取り組む態度」 スピーチ原稿や振り返りカードを書き，改善を図ろうとしている。
4	課題 聞き手に伝わるように話し方を工夫しよう。 1 原稿の見直し (1)教師から返却された原稿を確認する。 (2)原稿を推敲し必要に応じて修正，変更する。 2 スピーチの練習 (1)話し方の工夫点を原稿にわかりやすいマークで記入する。 (2)原稿を何度も音読して覚える。 (3)自分のスピーチの様子をタブレットで録画する。 (4)動画を観てさらに改善を図る。 (5)パートナーと発表を見せ合いアドバイスを伝え合う。 (6)本番に向けてさらに練習する。 3 本時のまとめ 本時の学習を振り返る。	「主体的に学習に取り組む態度」 撮影した動画や振り返りカードで，スピーチの内容や話し方などの改善を図ろうとしている。
5	課題 スピーチの発表をしよう。 1 スピーチの発表 (1)自分の思いが聞き手である仲間に伝わるように工夫して発表する。 (2)仲間のスピーチを聞き，工夫されている点や感動した点などについてメモを取る。 2 本時のまとめ 本時の学習を振り返る。	「主体的に学習に取り組む態度」 本番の発表や振り返りカードで，聞き手に伝わるように，内容や話し方を工夫して発表しようとしている。
6	課題 自分のスピーチを振り返ろう。 1 スピーチのビデオ視聴 2 スピーチの自己評価 (1)自分の発表について	

第1学年

第2学年

第3学年

(2)仲間の発表について 3　単元の振り返り 　本時及び単元全体の学習を振り返る。	「主体的に学習に取り組む態度」 自己評価シート（資料２）や振り返りカードに，自分や仲間のスピーチを聞き，今後の学習に生かしたいことについて，書いてまとめようとしている。

5　指導と評価の実際

❶　第1時

　中学校の思い出を話題にペアで対話をしたり教科書本文を読んだりした後，卒業した先輩のビデオをモデルとして視聴させる。その際に，自分の発表で取り入れたいスピーチをする上での工夫点をタブレット上のカードにメモを取らせる。授業の終末にメモと振り返りカードを送信させ「主体的に学習に取り組む態度」を評価する。

❷　第2時

　中学校3年間で撮影された写真を見せながら，教師が生徒との思い出を語るとともに生徒とインタラクションを図る。その後，ペアやグループの形態でお互いに相談させながら，発表するトピックを決めさせる。1つのトピックを多くの生徒が選ぶ事態を避けるために，トピックを書かせたカードを教師が画面配信するなどして，生徒が自分の判断でトピックを変更，修正できるようにする。

　選んだトピックから関連する語句をマッピング形式でカードに英語で記入するように指示し，生徒の活動の様子を見守りながら個別にアドバイスを与える。マッピングがある程度できあがったところを見計らい，ペアで即興のスピーチを行わせる。即興でのスピーチの反省を基にして，カードを修正，改善させる。その際，自己調整を図ろうとした点が後で把握できるように，ペンの色を変えて記入するように指示する。授業の終末にマッピングと振り返りカードを送信させ「主体的に学習に取り組む態度」を評価する。

❸　第3時

　前時に作成したマッピングのカードを参照させながら，スピーチの原稿を紙に書かせる。原稿を推敲した様子が記録に残るように，なるべく消しゴムを使わないように指示する。また，原稿は，付け足しの語句や文，音声面の工夫点（強勢，区切りなど）を示すマーク，教師のアドバイスなどを後で書き加えられるようにするためにダブルスペースで書かせる。授業の終末にはスピーチ原稿を提出，振り返りカードを送信させ「主体的に学習に取り組む態度」を評価する。

❹ 第4時

前時に提出させたスピーチ原稿に教師からのフィードバックを書き込んで返却し，原稿の見直しをさせる。ここで，自分の思いを聞き手に伝えるための音声面の工夫点をマークで原稿に書き込ませる。原稿が完成したら，聞き手を見ながら発表できるようにスピーチの練習を何度も行わせる。ある程度発表の形が見えてきたら，自分のスピーチを撮影させたり，パートナーと互いに発表を見せ合いアドバイスを交換させたりして，内容や話し方の改善を図ることができるように指導する。授業の終末には撮影させた動画や，振り返りカードを送信させ「主体的に学習に取り組む態度」を評価する。

❺ 第5時

単元の初めに設定させた工夫点や，原稿の作成やスピーチの練習を通して改善を図ってきたことなどを思い出させ，本番の発表に臨ませる。また，仲間の発表を聞く際は，発表者と同様に聞き手も発表者と視線を合わせられるように指導する。一人一人の発表後に，工夫されている点や感動した点などについてメモを取る機会を確保する。このメモは次時に発表を振り返る際に活用させる。授業の終末に振り返りカードを送信させ「主体的に学習に取り組む態度」を評価する。

❻ 第6時

前時に撮影した発表のビデオを視聴させる。自分の発表の様子を客観的に観させ，工夫しようとしていた点が実際にどのように写っているのかということを中心に，気が付いたことや考えたことなどを自己評価シート（資料2）に記入させる。また，仲間の発表についても前時に取ったメモを参照しながら，工夫されている点や感動した点などについて書いてまとめさせ，評価の参考とする。振り返りカードには，本時の授業についてのコメントに加え，単元を通して学んだことなどについて自由に記入させる。授業の終末には自己評価シートと振り返りカードを送信させ「主体的に学習に取り組む態度」を評価する。

6 「主体的に学習に取り組む態度」の指導と評価のポイント

❶ 毎授業の振り返りから評価する。

毎回の授業の終末に振り返りの時間を5分程度確保し，授業で学んだことや，次に生かしたいことなどについてタブレット上の振り返りカード（資料1）に記入させ，カードを教師に送信させる。生徒が単元を通して粘り強く学習に取り組み，自己調整を図ろうとしているかをカードの記述から見取り評価する。

●評価の基準

a	毎回の授業において「授業で学んだこと・できたこと」,「授業でうまくできなかったこと・次に生かしたいこと」に関するコメントが十分に記述されている。
b	コメントがある程度記述されている。
c	bに達していない。

❷ 　個々の活動の記録から評価する。

　生徒に貸与されているタブレット端末を有効に活用させ，生徒の活動の様子がわかるデータをこまめに収集する。単元の初めには，どのような工夫をしてスピーチを行うとよいか考えさせ，工夫点をカードにメモをさせる。原稿を作成する際にはマッピングのカードを作成させたり，発表への練習の段階で自分のスピーチをビデオに撮影させたりしたものを，教師に送信させる。スピーチの原稿など，生徒が時間をかけてじっくりと取り組ませたいものについては紙に書かせて提出させる。

●評価の基準

a	それぞれの活動の記録の中で，教師が示したモデルと同等，またはそれ以上の十分な内容や量の語句や文章を書いて／話している。
b	活動を行うために必要な内容や量の語句や文章を書いて／話している。
c	bに達していない。

❸ 　実際のパフォーマンスで評価する。

　本番の発表での様子について評価する。

●評価の基準

a	聞き手に伝わるように，話す内容や話し方を十分に工夫しながら話している。
b	ある程度工夫しながら話している。
c	bに達していない。

❹ 　発表後の振り返りから評価する。

　発表後に記入させる自己評価シート（資料2）の記述内容について評価する。

●評価の基準

a	自分の発表で工夫しようとした点や，これから改善したいと思ったことなどについて自分の学びを振り返り，今後の学習に生かすために十分な量の文章が書かれている。
b	自分の学びを振り返るために必要な量の文章が書かれている。
c	bに達していない。

【資料１　振り返りカード】

授業ふりかえりカード（英語）　　　単元名 ＿＿＿＿＿＿＿＿＿＿＿＿＿＿

３年　　組　　番　氏名 ＿＿＿＿＿＿＿＿＿＿＿＿＿＿

	日付	主な学習内容／めあて	授業で学んだこと できたこと	授業でうまくできなかったこと 次に生かしたいこと	新たに学んだ語 よく使った表現	自己評価 ABCD
1	／					
2	／					
10	／					
		☆本単元を通しての学びを振り返り、下のスペースに文章でまとめましょう。☆				

第１学年

第２学年

第３学年

【資料２　自己評価シート（設問のみ）】

１　発表に向けて

①　今回の発表で工夫しようとしたことを具体的に書きましょう。

②　本番のスピーチに向けて，自分なりに頑張れたことについて書きましょう。

２　発表を終えて

①　自分の発表を以下の視点で自己評価しましょう。

□自分の思いを聞き手に伝えることができた。

□話す内容を工夫することができた。

□話し方を工夫することがてきた。

②　自分の発表でよかったと思うことを書きましょう。

③　自分の発表のビデオを見てこれから改善したいと思ったことを書きましょう。

３　仲間の発表を聞いて感動した点，工夫されていた点などについて書きましょう。

（星野　拓也）

14 投稿文を読んで，感想や自分の意見を書いてみよう！

関連教材：*Here We Go! ENGLISH COURSE 3*, Unit 4, "AI Technology and Language"

1 単元（授業）の概要

本題材では，AIの進化により外国語学習はどう変わるのかを話題として取り上げている。最近では，非常に多くの中学生がスマートフォンを所持する現実があるが，スマートフォンだけでなく，音声認識が可能な電子機器や家庭電化製品を例に挙げながら，現在，それらを利用することでどんなことができるのか情報や知識を共有させる。現在，伝えたい言葉を日本語で発信すれば英語をはじめとした多くの言語に自動翻訳する小型AI翻訳機の販売数が急激に増加している。そのような状況下，学校での英語学習の意義について改めて生徒の考えを尋ねてみたり，AIが変えていくであろう未来の社会生活を想像させたりして，話し合わせてみることができる内容である。

2 単元の指導目標

〔知識及び技能〕

・関係代名詞 which, who, that が主語となる構文の特徴やきまりを理解し，聞いたり，読んだり，話したり，書くことができる。

〔思考力，判断力，表現力等〕

・3人の意見文の要点を読み取り，適切に理解することができる。

・文章の構成（理由や例）に注意しながら，自分の考えを整理し，3人の意見に対し感想や意見を書くことができる。

「学びに向かう力，人間性等」

・3人の意見文の要点を読み取り，適切に理解しようとする。

・文章の構成（理由や例）に注意しながら，自分の考えを整理し，3人の意見に対し感想や意見を書こうとする。

3 単元の評価規準

「知識・技能」

・関係代名詞 which, who, that が主語となる構文の特徴やきまりの理解を基に日常的な話題について読んだり，書いたりする技能を身に付けている。（読むこと，書くこと）

「思考・判断・表現」

・3人の意見に対して感想や意見を伝えるために，自分の考えを整理し，理由や例とともに文

章を書いている。（書くこと）

「主体的に学習に取り組む態度」

・3人の意見に対して感想や意見を伝えるために，自分の考えを整理し，理由や例とともに文章を書こうとしている。（書くこと）

4　単元の指導計画（全9時間）

時	主な学習活動	評価規準と評価方法
1	○帯活動 1　Unit 全体の導入 　提示されるスマートフォン，ドローン，掃除ロボット，AI翻訳機等の画像や映像を見ながら，教師とのやり取りを通して，本単元の主題を想像する。 課題　ストーリーの大まかな内容を考えよう。 2　展開 (1)キーワードを画像や映像で示すだけでなく文字も提示し，自分の経験などを結び付けながら教師とのやり取りを深める。 　smartphone　　drone　　cleaning robot 　translation software (2)単元全体の英語を映像とともに聞く。 　1回目：貼りだされる4つのキーワードを聞き取る 　2回目：この単元のテーマは何だろうか 3　本時のまとめ	
2	○帯活動 1　単元全体の英文を映像とともに聞く（復習） 課題　Part 1の内容を考えよう。 2　Part 1の導入（Listening） ① Part 1を聞き，図の空欄に入る語を考える。 　AI technology robot ②教科書を黙読し，図の空欄に入る語を考える。 3　新出文法事項の導入及び練習 　関係代名詞 which（主格）についての口頭導入を聞き，意味を考える説明を理解した後に口頭練習を行う。 4　表現等の学習 　表現や語句などの発音と意味の確認を行う。 　respond to ～ / common / come up with ～ / quite ③図の空欄に入る語を確認する。 5　音読 （1）Choral reading　　（2）Buzz reading　　（3）Shadowing 6　Writing サマリーの英文の空欄に適切な語を入れる。 7　本時のまとめ	「思考・判断・表現」 英文を読み，文章の概要を捉えている。 「主体的に学習に取り組む態度」 観察・ワークシート 英文を読み，文章の概要を捉えようとしている。

3	○帯活動 1　復習（Part 1 の音読） 　・AI technology has made 　□□　□□　 lately. 　　It has become a 　□□　□□　 our daily 　□□　. 　(1)Choral reading　　(2)Buzz reading　　(3)Shadowing 　課題　関係代名詞 which が主語となる文を理解し，活用し 　　　　よう。 2　文構造理解 　(1)Listening 　　・説明文を黙読し，ペアになって内容を相談する。 　　→音声を聞く→再びペアで考える→確認する 　　・説明文の内容を確認した後，音読をして文構造を整理す 　　　る。 　(2)Speaking 　　・教師とのやり取り 　　・Listening で学習した文構造の知識を用いて，例になら 　　　ってロボットを説明する関係代名詞の文を伝え合う。 　(3)Writing 　　・Guess what? 関係代名詞 which を用いてクイズを作り， 　　　ペアやグループで尋ね合う。 3　本時のまとめ	「知識・技能」 関係代名詞 which を用いた文 の特徴や構造を理解し，話した り，書いたりしている。 「主体的に学習に取り組む態度」 観察・ワークシート 関係代名詞 which を用いた文 の特徴や構造を理解し，話した り，書いたりしようとしている。
4	○帯活動 1　復習 　課題　Part 2 の内容を考えよう。 2　Part 2 の導入 　・Part 1 に対する Tina，Kota，Hajin の意見を聞く。 　　聞き取れたことをペアやグループでシェアする。 　・Part 1 を黙読する。 　　リーディングポイントは「Kota のおじさん」 3　新出文法事項の導入及び練習 　関係代名詞 who についての口頭導入を聞き，意味を考える 説明を理解した後に口頭練習を行う。 4　表現等の学習 　表現や語句などの発音と意味の確認を行う。 　phrase / interact / might / anymore / agree with / 　disagree with 5　Q&A 　・「Kota のおじさん」について理解する。 6　音読 　(1)Choral reading　　(2)Buzz reading　　(3)Shadowing 7　Writing 　サマリーの英文の空欄に適切な語を入れる。 8　本時のまとめ	「思考・判断・表現」 英文を読み，必要な情報を読み 取っている。 「主体的に学習に取り組む態度」 観察・ワークシート 英文を読み，必要な情報を読み 取ろうとしている。
5	○帯活動 1　復習（Part 2 の音読） 　(1)Choral reading　　(2)Buzz reading　　(3)Shadowing 　　・Tina sometimes uses 　□□　□□　 when she doesn't 　　　understand a Japanese phrase. 　　・Kota thinks learning foreign language 　□□　 not be 　　　so 　□□　 anymore. 　　・Hajin wants to be able to 　□□　 by 　□□　 because 　　　he thinks learning foreign language is 　□□　□□　. 　課題　関係代名詞 who が主語となる文を理解し，活用しよ 　　　　う。 2　文構造理解	

	(1) Listening ・音声を聞き，話題に出た人物を選ぶ→確認する。 ・聞いた英文をペアになって再生してみる。 (2) Speaking ・Do you know a person who ～? を用いて，ペアになって情報を伝え合う。 (3) Writing ・やり取りで得た情報を基に，人物についての説明文を書く。 3　本時のまとめ	「知識・技能」 関係代名詞 who を用いた文の特徴や構造を理解し，話したり，書いたりしている。 「主体的に学習に取り組む態度」 観察・ワークシート 関係代名詞 who を用いた文の特徴や構造を理解し，話したり，書いたりしようとしている。
6	○帯活動 1　復習 課題　Part 3 の内容を考えよう。 2　Part 3 の導入 ・Part 2 で外国語を学ぶことについて Kota と Hajin が発表した意見について教師とやり取りをする。 ・外国語を学ぶことに対する Ms. Brown の意見を読む。 ・Ms. Brown の伝えたいことを考える。 3　新出文法事項の導入及び練習 　関係代名詞 that についての口頭導入を聞き，意味を考える説明を理解した後に口頭練習を行う。 4　表現等の学習 　表現や語句などの発音と意味の確認を行う。 　raise / broaden / What do you think? 5　Q&A ・Ms. Brown の伝えたいことを理解する。 6　音読 (1) Choral reading　　(2) Buzz reading　　(3) Shadowing 7　Writing 　サマリーの英文の空欄に適切な語を入れる。 8　本時のまとめ	「思考・判断・表現」 英文を読み，文章の概要を捉えている。 「主体的に学習に取り組む態度」 観察・ワークシート 英文を読み，文章の概要を捉えようとしている。
7	○帯活動 1　復習（Part 3 の音読） (1) Choral reading　　(2) Buzz reading　　(3) Shadowing ・Ms. Brown agreed with ☐. She thinks learning foreign language is still a ☐ experience. It's an experience ☐ will ☐ our world view. We also learn more about our own ☐ and ☐. 課題　関係代名詞 that が主語となる文を理解し，活用しよう。 2　文構造理解 (1) Listening ・クイズショーの音声を聞き，Sport と History に関する問題に解答する。 ・ペアになって聞いた英語を再生してみる。 (2) Speaking ・関係代名詞 that を用いて，クイズショーの続きとなる問題をペアになって出題する。 (3) Writing ・Sport と History のトピックに限らず，自由な発想でクイズ問題を考え，書く。 3　本時のまとめ	「知識・技能」 関係代名詞 that を用いた文の特徴や構造を理解し，話したり，書いたりしている。 「主体的に学習に取り組む態度」 観察・ワークシート 関係代名詞 that を用いた文の特徴や構造を理解し，話したり，書いたりしようとしている。
8	○帯活動 1　復習	

第1学年

第2学年

第3学年

	課題 投稿文を読んで，自分の意見をまとめよう。 2 Goal の導入 ・寄せられた４つの意見を各自で読む。 3 表現等の学習 　表現や語句などの発音と意味の確認を行う。 　　remember / hate to / depend on 4 各意見の概要をまとめる ・キーワード（トピック）を考える。 ◇ translation software ◇ learning foreign language 　□⇒We should learn and speak foreign language by ourselves. 　□⇒It's important to use translation software in a proper way. 　□⇒We will not need to learn foreign language in the future. 　□⇒We can learn many more things from learning foreign language. 5 音読 (1) Choral reading　(2) Buzz reading　(3) Shadowing 6 本時のまとめ	「思考・判断・表現」 英文を読み，文章の概要を捉えている。 「主体的に学習に取り組む態度」 観察・ワークシート 英文を読み，文章の概要を捉えようとしている。
9	○帯活動 1 復習（Goal の音読） (1) Choral reading　(2) Buzz reading　(3) Shadowing 課題 投稿文に対する感想や意見を書いてみよう。 2 自分の考えや意見の述べ方 教師の示す例を見て気付く。 (1)□さんは～と言っている／ＡはＢより～だと思う (2)賛成だ／反対だ　(3)私は～だと考えている (4)それには理由がある　(5)例示 3 自分の考えや意見を書く 2で学んだ組み立て方に従って意見をまとめる。 4 意見交換と修正 グループになって互いの書いた文章を読み合う。 5 本時のまとめ	「思考・判断・表現」 自分の考えを整理し，まとまりのある文章を書いている。 「主体的に学習に取り組む態度」 観察・発表作品 自分の考えを整理し，まとまりのある文章を書こうとしている。

5 指導と評価の実際

❶ 第１時

　日常生活でよく手にしたり見かけたりする AI 技術の機能する製品の実物や映像を示しながら教師対生徒のやり取りで導入をする。次にその代表として「スマートフォン」「ドローン」「掃除ロボット」「自動翻訳機」を取り上げ，それらの英語表記を示しながら，互いの経験談などを交えながらやり取りをさらに深めていく。その後単元全体を聞いてみる。１回目は注意して耳を傾けることを目的に，黒板やスクリーン上に表示されている英語が出てきて聞き取れたらチェックをするように指示をする。２回目は，どのような場面か，また全体を通してどんなことが話し合われて（書かれて）いるのか，そのテーマを漠然とでもよいのでつかむよう注意して聞かせる。どの登場人物の書いたものも，自分の考えを整理し，理由や例を挙げて書いていることに気付かせることで，単元の最後には，決まったフォームに沿って自分の考えや意見

を書き上げるよう取り組んでいく目標を持たせる。自己評価シートへの記録にとどめる。

❷ 第2時

Part 1 では，要点となる AI 技術がどのような機器に活用されているのかを示す英文のつくりを示す樹形図を利用しながら目的を持って英文を読ませる。関係代名詞 which について口頭導入をし，パタンプラクティス等を通して口頭練習をさせる中で知識をイメージとして持たせる程度で本時はよしとする。新しい表現や語句の練習をした後，音読に取り組み，内容を考えさせながら英語に親しませる。まとまった音読練習をさせた後，要約文に適切な語を入れさせることで内容に関する整理をさせる。ワークシートを用い，Part 1 の概要を捉えているかどうか「思考・判断・表現」「主体的に学習に取り組む態度」を評価する。

❸ 第3時

Part 1 の復習として，内容を要約した英文の空欄に当てはまる適切な語を個やペアで考えさせる。次は，前時に関係代名詞についての知識をイメージとして確認していた段階から，活用できる技能の段階まで練習に取り組む。Listening, Speaking, Writing と練習を繰り返す中で，関係代名詞 which の定着を図る。ワークシートやペーパーテストで，関係代名詞 which の構造を理解しているか「知識・技能」「主体的に学習に取り組む態度」を評価する。

❹ 第4時

Part 1 に対する意見をまず聞く。Kota の意見が長めだが，ヒントとして「Kota はおじさんについて話している」というリスニングポイントを伝える。何回か聞いた後ペアやグループとなって聞き取れたことを発表し合う。Kota のおじさんを説明する英文を基に関係代名詞 who を含む文についての導入をし，口頭練習を行う。新出表現や語句の確認をした後，先にリスニングしていた3人の英文を読んでみる。Q&A で内容理解をした後，音読をして理解を深めていく。ワークシートを用い，Part 2 の概要を捉えているかどうか「思考・判断・表現」「主体的に学習に取り組む態度」を評価する。

❺ 第5時

前時の復習として Part 2 の音読から入る。音読後，3人の話す内容の要点をスクリーン等に示し，英文中の空欄に適切な語を考えさせる。その後は，第3時と同様，前時に学習した知識を活用できる技能の段階まで身に付けさせる Listening, Speaking, Writing の練習に取り組み，関係代名詞 who の定着を図る。ワークシートやペーパーテストで，関係代名詞 who の構造を理解しているか「知識・技能」「主体的に学習に取り組む態度」を評価する。

第1学年

第2学年

第3学年

❻　第6時

　Part 3 は，外国語を学ぶことに対する Ms. Brown の意見を読む。簡単なリーディングポイントを示し，読むことの目的を明確に持たせる。新出表現や語句の確認をした後，もう一度じっくり読ませ，Q&A を通して内容の確認を行う。続いて，まとまった音読練習をさせた後，要約文に適切な語を入れさせることで内容に関する整理をさせる。ワークシートを用い，Part 3 の概要を捉えているかどうか「思考・判断・表現」「主体的に学習に取り組む態度」を評価する。

❼　第7時

　前時の復習として Part 3 の音読から入る。音読後，Ms. Brown の意見の要点をスクリーン等に示し，英文中の空欄に適切な語を考えさせる。続いて，関係代名詞 that の定着を図る Listening, Speaking, Writing に取り組むが，今回はクイズショーという特別な場面設定であり，雰囲気を高めるには大変効果的である。クイズショーという場面・状況に合う英文を考えるよう指導していく。ワークシートやペーパーテストで，関係代名詞 that の構造を理解しているか「知識・技能」「主体的に学習に取り組む態度」を評価する。

❽　第8時

　「# AI Technology and Language」に投稿された4つの意見をまず聞いた後，英文を読む。初めは，それぞれの主張についてイメージが持てる程度でよい。新出表現や語句の確認をした後，今回はじっくり読ませ，キーワードを基にそれぞれの要点を整理していく。そして，4人の投稿文は，Kota, Hajin, Ms. Brown のうち誰の意見に近いのかを考えさせる。投稿文の要点を1文でまとめている点に注目させることは，次時の書く活動に取り組ませる上で重要なポイントとなる。ワークシートを用い，Goal の概要を捉えているかどうか「思考・判断・表現」「主体的に学習に取り組む態度」を評価する。

❾　第9時

　投稿文に対する教師の意見を，例としてスクリーン等で示しながら提示する。過去の学習で自分の考えや意見を話す際の注意点を学んだことを思い出させながら，意見だけでなく，理由や例示を挙げていくことを確認する。その上で，Writing で示されている手順に従いながら自分の文章を組み立てるよう指導する。「話すこと」同様，自由表現をさせる「書くこと」には，きめ細かな指導が必要であり，ALT とともに机間指導をこまめに行っていく。書き上がった後，ペアやグループになって，書き上げた文章をお互いに読み合わせ，感想を伝え合ったり評価したりするところまで指導していく。自分の考えが読み手に伝わるように，構成に注意しながら書いているか「思考・判断・表現」「主体的に学習に取り組む態度」を評価する。

6 「主体的に学習に取り組む態度」の指導と評価のポイント

❶ まとまりのある文章を書く力を計画的に育む。

　生徒がまとまりのある文章を書くことを苦手としているのは，「書くこと」の言語活動への取組不足から生徒がなかなか書く内容を持つことができないことが大きな要因である。このため，本事例では，新出の文法事項の定着を図る時間ごとに「書くこと」の言語活動に取り組み，その都度内容を広めたり，深めたりできるよう計画した。

●評価の基準

a	読んだことについて，考えたことや感じたことを，理由などと合わせて書いている。
b	読んだことについて，考えたことや感じたことを書いている。
c	bに達していない。

❷ 主体的に自己評価を行わせながら学び直しの量と質を高めていく。

　ペアやグループになって，教科書の例にならって対話的な言語活動に取り組ませる。自分たちのパフォーマンス映像を端末に記録し，それを見ながら振り返りをさせる。はじめは教師が視点を示すが，最終的には生徒自身で決めさせていく。友達との振り返りを繰り返す中で，基本となる知識や技能の学び直しが促進され，そのことが「書くこと」の活動に反映され，「深い学び」につながっていく。

●評価の基準

a	間違うことを恐れずに，即興で関係代名詞を含む文を用いて，やり取りをしている。
b	間違うことを恐れずに，関係代名詞を含む文を用いて，やり取りをしている。
c	bに達していない。

❸ 自分の学びや変化を自覚させる。

　❶❷の取組を続けることによって，新出の文法事項の定着を図る時間（第3，5，7時）ごとに，ワークシートやノートに記録する自分の作品の質や量に変化があることに気付かせられ，自分の学びの成長を自覚できるようになってくる。

●評価の基準

a	単元内に行った書く活動の振り返りを生かしながら，理由や意見とともに自分の意見を適切に書いている。
b	自分の意見を書いている。
c	bに達していない。

（伊藤　幸男）

第1学年

第2学年

第3学年

15 「自分らしさ」の発表について，自分の考えや感想を述べよう！

関連教材：*ONE WORLD English Course 3*, Lesson 5, "Being True to Ourselves"

1 単元（授業）の概要

　本単元は３つのパートから構成されている。Part 1 及び Part 2 は，兄弟について話す対話文，Part 3 では，「自分らしさ」について主人公のケンタが英語の授業で話すスピーチ文となっている。教科書には，産出的な言語活動として，Part 1 では，「兄弟がいたとしたら何をしたいか」についてのやり取り，Part 2 では，進学先の高校に迷っているケンタに友達のメイになったつもりでアドバイスをすること，Part 3 では，ケンタの発表について考えや感想を書くことが設定されている。単元の副題が "Give advice to your friends!" となっており，アドバイスを行えるようにすることが目標の一つとなっている。なお，単元の主な言語材料は仮定法である。

2 単元の指導目標

〔知識及び技能〕

・仮定法の特徴やきまりを理解し，仮定法を使って伝え合ったり，話したり，書いたりできる。

〔思考力，判断力，表現力等〕

・相手の悩みに対して，適切なアドバイスを与えることができる。

・スピーチの要点を捉え，自分の意見や感想を書くことができる。

「学びに向かう力，人間性等」

・スピーチにおいて，話し手が何を伝えようとしているのかを捉えようとする。また，スピーチの内容について自分の考えや感想などを述べようとする。

・チャットで自分のパフォーマンスを振り返り，次のチャットに向けて準備を行い，自分の考えや経験をより正確に伝え，適切な質問をしようとする。

3 単元の評価規準

「知識・技能」

・仮定法の特徴やきまりの理解を基に，日常的な話題について伝え合ったり，話したり，書いたりする技能を身に付けている。(話すこと［やり取り］，話すこと［発表］，書くこと)

「思考・判断・表現」

・相手に適切なアドバイスを与えたり，感想を伝えたりするために，ケンタのスピーチ文について，自分の意見や感想を整理して，簡単な語句や文を用いて書いている。(書くこと)

「主体的に学習に取り組む態度」

・相手に適切なアドバイスを与えたり，感想を伝えたりするために，ケンタのスピーチ文について，自分の意見や感想を整理して，簡単な語句や文を用いて書こうとしている。

(書くこと)

・チャットにおける自分のやり取りを振り返り，さらにやり取りを続けられるようにしている。

(話すこと［やり取り］)

・チャットで話した内容を踏まえ，兄弟について相手に十分に理解してもらえるように書こうとしている。(書くこと)

4　単元の指導計画（全7時間）

時	主な学習活動	評価規準と評価方法
1	課題　兄弟の話題でチャットを続けよう！ (あいさつや帯活動については省略) 1　単元の導入 　単元の表紙に載っている質問 "Do you sometimes give advice to your friends?" についてやり取りを行う。 2　新出文法事項の導入及び練習 　仮定法（Key Sentence の形）について口頭導入を行い，簡単に説明した後に口頭練習を行う。 3　Part 1 の本文の内容理解 　聞くことや Q&A を通して対話文の内容理解を行う。 4　表現等の確認 　表現や語句などの確認を行う。 5　音読 　(1)Choral reading 　(2)Buzz reading 6　チャット 　「兄弟」の話題についてチャットを行う。 　(1)チャットのお題の提示 　(2)チャットを3分間行う（各自のタブレットで録音） 　(3)録音を聴き，振り返りシート（資料1）に記入. 7　本時のまとめ	「主体的に学習に取り組む態度」 振り返りシートの記述内容について評価する（次の時間）。
2	課題　兄弟の話題でチャットを続けよう！ 1　新出文法事項の復習 　Key Sentence と Notes を用い，仮定法を使用する際の状況や英文の形を確認した後，Tool Kit や Listen を行い，仮定法の使い方に慣れさせる。	

第1学年

第2学年

第3学年

135

	2　Part 1 の本文の音読 　⑴Choral reading 　⑵Buzz reading 3　Think & Try! 　［タスク］What would you like to do if you had a brother [sister]? のあとのセリフを考える。 　⑴英文の暗唱（Read and look up など） 　⑵ペアでやり取りを行う。（パートナーを替え，数回行う。少人数の場合には，全員に発表させる。） 4　チャット 　⑴前時で行ったチャットを同じ設定で行う。（録音する。） 　⑵振り返り（振り返りシートに記入） 5　本時のまとめ	「主体的に学習に取り組む態度」 振り返りシートを回収し，記述内容について評価する。
3	課題　兄弟について書いてみよう！ 1　Part 2 の本文の内容理解 　聞くことや Q&A を通して対話文の内容理解を行う。 2　表現等の確認 　If I were you, I would take his advice. の文や他の表現や語句などの確認を行う。 3　音読 　⑴Choral reading 　⑵Buzz reading 4　新出文法事項の練習 　Key Sentence 及び Notes を使って再度確認した後で，Tool Kit や Listen を行う。 5　ライティング活動 　第 1 時及び第 2 時で行った「兄弟」に関するチャットを踏まえ，兄弟についての簡単な英作文をワークシート（罫線のみ）に書く。 6　本時のまとめ	「主体的に学習に取り組む態度」 ワークシートを回収し，英作文の評価を行う。
4	課題　ケンタにアドバイスしよう！ 1　新出文法事項の復習 　Key Sentence と Notes を用い，Key Sentence について確認した後，Tool Kit や Listen を行い慣れさせる。 2　Part 2 の本文の音読	

	⑴Choral reading ⑵Buzz reading 3　Think & Try! ［タスク］メイになりきり，2つの高校の特徴についての表を参考にして，ケンタにアドバイスを与える。 ⑴話すことの準備を行う。 ⑵全員の前で発表する。 4　本時のまとめ	
5	課題　ケンタの発表に感想や意見を書こう！ 1　Part 3の本文の内容理解 　スピーチを聞いたり読んだりして要点を捉える。 2　表現等の確認 　I wish I were the same as other people. の文や他の表現や語句などの確認を行う。 3　音読 　⑴Choral reading 　⑵Buzz reading 4　Think & Try! の準備 　［タスク］ケンタの発表を参考にして，自分の考えを書く。 　ケンタの述べたことで賛成のところ，反対のところをチェックする。ケンタのスピーチについての感想を箇条書きで書く。 （宿題） ケンタの発表について感想や自分の考えをワークシート（資料2）に書く。 5　本時のまとめ	「主体的に学習に取り組む態度」 ワークシートの評価を行う（次の時間）。
6	1　新出文法事項の復習 　Key Sentence と Notes を用い，Key Sentence について確認した後，Listen を行う。 2　Part 3の本文の音読 　⑴Choral reading 　⑵Buzz reading 3　Think & Try! 　⑴全員の前で発表する。 　⑵振り返りを行う。 　⑶清書する。 4　本時のまとめ	「主体的に学習に取り組む態度」 ワークシートを回収し，評価する。
7	1　本文の音読 　タブレット（音声のモデル）を利用し，各自でまとめとして音読を行う。 2　Review 及び Task を行う 3　Grammar のページを利用し，仮定法のまとめを行う	

第1学年

第2学年

第3学年

5 指導と評価の実際

❶ 第1時

　本文の内容を参考にしながら，チャットを3分間程度行わせる。Part 1の題材が「兄弟」を扱っていることから，「兄弟」の話題のみを示す。**はじめに教師がチャットのモデルを示したり，会話技術や表現などを指導したりしない。**話題の切り出し方，話題に適した質問，会話技術などについては，これまでに学んだことを生かして行わせる。タブレット（コンピューター）で自己のパフォーマンスを録音させ，聴いて確認させ，振り返りシート（資料1）を使って振り返りを行わせる。「言いたかったのに言えなかったこと」などに記入し，次回のチャットに向けて家庭で準備を行うように指示する（次回の課題）。

❷ 第2時

　第1時と同様にチャットを行い，録音する。前回のパフォーマンスと比較させ，課題がクリアしているかを自己評価させる。振り返りシートを回収し，「主体的に学習に取り組む態度」を評価する。

❸ 第3時

　第1時，第2時で行ったチャットの内容，Part 1，Part 2の内容を踏まえ，「兄弟」についての英作文を書く。英作文について，第2時で回収した振り返りシートを参照しながら「主体的に学習に取り組む態度」を評価する。

❹ 第4時

　Think & Try! を全員に発表させる。評価は行わない。

❺ 第5時

　ケンタの発表の要点を捉えさせる。本時の最後の活動として，ケンタの発表について自分の考えや感想を書く準備を行わせた後，英作文を書かせる。時間が足りない場合には宿題とする。

❻ 第6時

　第5時で書いた英作文を発表させる。友達の感想や意見から自分に近いものをメモさせる。全員の発表を終えたら，聞いたことを参考にして清書を書かせる。

❼ 第7時

　単元のまとめとして，音読や単元末の課題を行わせる。

6 「主体的に学習に取り組む態度」の指導と評価のポイント

❶ 自己のパフォーマンス（チャット）について振り返りをさせ，次回に向けて課題を解決できるように自己調整を行い，再びパフォーマンスを行う。

タブレットに録音したパフォーマンスを聴かせ，振り返りシート（資料１）に記述させる。振り返りシートは２回の授業で使用する。１回目のチャットから２回目のチャットで修正したところなどを「主体的に学習に取り組む態度」で評価する。この自己調整を行った部分を積極的に評価したい。

●評価の基準

a	「次回までの課題」にしっかりと取り組み，十分に準備を行い，その成果がパフォーマンスに表れている。
b	「次回までの課題」にしっかりと取り組み，準備を行った上で次のチャットを行っている。
c	bに達していない。

❷ チャットで話した内容を基にして，文章を書く。

チャットで話したことを基にして，「兄弟」についての英作文を書かせ，以下の基準で評価する。その際，前時に回収した「振り返りシート」の内容と比べ，１．(2)「言いたかったのに言えなかったこと」の欄に書かれていることが英作文に反映されているかなどについて評価する。

●評価の基準

a	チャットの振り返りを生かし，十分な情報量で書いている。
b	十分な情報量で書いている。
c	bに達していない。

❸ 最初に書いた文章を，他の生徒の発表を参考にしながら，より情報量の豊富な文章に修正する。

ケンタのスピーチについての感想や考えを書かせる。これについては評価しない。文章を全員に発表する。その際，ワークシートによいと思ったことや自分の考えに近いものをメモさせる。友達の発表を参考にして，最初に書いた文章の清書を行う。

●評価の基準

a	友達の発表を参考にしながら，最初の文章よりも情報量が多く，内容面でも適切に修正している。
b	友達の発表を参考にしながら，最初の文章よりも情報量を多くしている。
c	bに達していない。

139

Enjoy English － "Let's enjoy chatting!"

Class (　　) No. (　　) Name (　　　　　　　　　　　　　　　　)

１．パフォーマンスについて，次のことを振り返ろう。

(1)今回のチャットでがんばったことを書こう

(2)今回のチャットを聞き，言いたかったのに言えなかったことを書こう

(3)パートナーの言ったことに対し，質問すればよかったことを書こう

(4)次のチャットでがんばりたいことを書こう

次回までの課題：次回のチャットのために，(2)～(4)を考え，下にメモしよう。

ここから下は次の授業で記入します。

２．パフォーマンスについて，次のことを振り返ろう。

(1)前回と比較して，よくできたところを書こう

(2)まだ不十分なところとどのように解決したらよいかを書こう

【資料2　ワークシート（ケンタのスピーチについての感想文）】

Enjoy English　－ "Let's enjoy chatting!"

Class （　　） No. （　　） Name （　　　　　　　　　　　　　　　　）

１．ケンタのスピーチの中で，賛成または反対であること，自分の考えなどを箇条書きでメモしよう。

（記入欄は省略）

２．ケンタのスピーチについて，自分の考えや感想などを英語で書こう。

（罫線及び記入欄は省略）

３．友達の発表を聞いて，よいと思ったこと（自分の考えに近いこと）をメモしよう。

（記入欄は省略）

４．友達の発表を踏まえ，２の清書をしよう。

（罫線及び記入欄は省略）

（本多　敏幸）

【執筆者紹介】（執筆順，執筆当時）

松浦　伸和　広島大学大学院教授

伊藤　幸男　埼玉県熊谷市立熊谷東中学校長

井添純一郎　岐阜県高山市立国府中学校教頭

藤原　陽子　東京都福生市立福生第三中学校

佐々木忠洋　新潟県新潟市立寄居中学校

筆谷　聡史　広島県広島市立伴中学校

安　　絵里　茨城県日立市立久慈中学校

本多　敏幸　東京都千代田区立九段中等教育学校

星野　拓也　宇都宮大学共同教育学部附属中学校

【編著者紹介】
松浦　伸和（まつうら　のぶかず）
1957年香川県生まれ。広島大学教育学部卒業，同大学院教育学研究科修了。博士（教育学）。広島大学附属中学校・高等学校教諭，安田女子大学文学部助教授などを経て，現在，広島大学大学院人間社会科学研究科教授。全国英語教育学会事務局長，同副会長，「評価規準・評価方法等の研究開発に関する検討委員会」中学校外国語座長，同高等学校外国語委員，学習指導要領協力者（中学校外国語），中央教育審議会教育課程部会「児童生徒の学習評価の在り方に関するワーキンググループ委員」，「全国学力・学習状況調査」関連委員等を歴任。平成29年版学習指導要領中学校外国語協力者会議の副座長。

中学校外国語
「主体的に学習に取り組む態度」の学習評価
完全ガイドブック

2022年6月初版第1刷刊　Ⓒ編著者　松　浦　伸　和
2024年1月初版第2刷刊　　発行者　藤　原　光　政
　　　　　　　　　　　　発行所　明治図書出版株式会社
　　　　　　　　　　　　http://www.meijitosho.co.jp
　　　　　　　　　（企画）木山麻衣子　（校正）有海有理
　　　　　　　　　〒114-0023　東京都北区滝野川7-46-1
　　　　　　　　　振替00160-5-151318　電話03(5907)6702
　　　　　　　　　　　　ご注文窓口　電話03(5907)6668
＊検印省略　　　　　　　組版所　藤　原　印　刷　株　式　会　社

本書の無断コピーは，著作権・出版権にふれます。ご注意ください。

Printed in Japan　　　　　ISBN978-4-18-232128-3

もれなくクーポンがもらえる！読者アンケートはこちらから

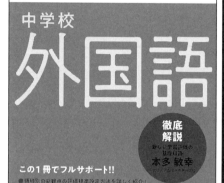